PASIVO .
AGRESIVOS

**Guía práctica para tratar con personas tóxicas y
pasivo agresivas en todos los entornos.**

Estrategias Efectivas para Manejar Comportamientos
Manipuladores y Mantener la Calma Con Personas y
Situaciones Frustrantes

Santiago Rivas

Santiago Rivas

Primera edición agosto de 2024

Nota importante de exención de responsabilidad: Este libro ha sido elaborado con la intención de brindar información fundamentada en la investigación relacionada con el tema abordado; sin embargo, no debe considerarse como un consejo, terapia o guía profesional. No se garantiza la validez o precisión de los contenidos, y no se recomienda tomar decisiones o abstenerse de ellas basándose exclusivamente en la información presentada aquí. El propósito de los datos y herramientas proporcionados no es reemplazar a un experto calificado, sino ser utilizados bajo la supervisión de un profesional de la salud mental.

Contenido

Introducción

Pocos comportamientos son tan frustrantes y desalentadores como lidiar con una persona pasivo-agresiva. Quizás esto se deba a que cuando alguien es abiertamente agresivo, el ataque es evidente. Sabes exactamente dónde estás parado, incluso si es un lugar incómodo. Sin embargo, cuando alguien es pasivo-agresivo, a menudo te deja sintiéndote confundido, molesto y cuestionándote a ti mismo.

A lo largo de mi carrera como terapeuta, he visto innumerables pacientes que luchan por navegar las relaciones con personas pasivo-agresivas en sus vidas. Desde parejas hasta compañeros de trabajo, familiares y amigos, la pasivo-agresividad puede infiltrarse en cualquier tipo de relación, dejando a su paso un rastro de resentimiento, frustración y, a menudo, autoculpa.

Este libro nació de esas incontables horas de terapia, de escuchar las luchas de mis pacientes y ayudarles a desarrollar estrategias para manejar estas complejas dinámicas. Mi objetivo es proporcionar no sólo una comprensión de qué motiva el comportamiento pasivo-agresivo, sino también herramientas prácticas para navegar estas turbias aguas emocionales.

En la primera parte del libro, nos sumergiremos en la psicología detrás de la pasivo-agresividad. Exploraremos las diversas razones por las que alguien podría adoptar este modo de interacción, desde patrones aprendidos en la infancia hasta miedos profundamente arraigados al conflicto o al rechazo. Comprenderemos los diferentes tipos de comportamiento pasivo-agresivo, desde el silencio obstinado hasta el sarcasmo mordaz, y examinaremos cómo cada uno funciona para evitar la responsabilidad emocional directa.

Pero el conocimiento por sí solo no es suficiente. También necesitamos un plan de acción. Es por eso que la segunda mitad de este libro está dedicada a estrategias concretas para manejar interacciones pasivo-agresivas. Aprenderás a reconocer las trampas emocionales, a responder de maneras que desactiven en lugar de escalar la tensión, y lo más importante, a proteger tu propio bienestar emocional en el proceso.

A través de una serie de estudios de casos de la vida real, veremos estas estrategias en acción. Desde manejar a una madre controladora durante la planificación de una boda hasta navegar por un entorno de trabajo cargado de puñaladas por la espalda, estos ejemplos ilustrarán la complejidad de la dinámica pasivo-agresiva y proporcionarán un modelo para aplicar estas habilidades en tu propia vida.

Sin embargo, como con la mayoría del crecimiento personal, el cambio comienza desde adentro. Por eso también dedicaremos tiempo a explorar nuestras propias tendencias pasivo-agresivas. Después de todo, pocos de nosotros somos inmunes a recurrir ocasionalmente a tácticas indirectas. Al reconocer nuestros propios patrones, podemos comenzar a comunicarnos de una manera más auténtica y directa.

Lidiar con la pasivo-agresividad no es un proceso sencillo ni rápido. Requiere paciencia, compasión y una voluntad de establecer límites saludables. Pero con las herramientas y la perspectiva adecuadas, es posible navegar incluso las dinámicas más desafiantes y emerger con relaciones más fuertes y honestas.

Así que si alguna vez te has encontrado frente a frases como "No estoy enojado" mientras se escucha un portazo, o has pasado noches en vela preguntándote si realmente eres demasiado sensible, este libro es para ti. Es una linterna para iluminar los rincones oscuros del comportamiento pasivo-agresivo, y un mapa para encontrar tu camino hacia interacciones más directas y satisfactorias.

Recuerda, no puedes controlar el comportamiento de otra persona, pero puedes cambiar cómo respondes a él. Es mi sincera esperanza que las perspectivas y estrategias en estas páginas te empoderen para hacer precisamente eso. Así que adelante, sumérgete, y comienza el viaje hacia la liberación de la frustración de la pasivo-agresividad.

Santiago Rivas

Parte I – En Teoría

Capítulo 1 – Pasivo-Agresivos

Seguramente alguna vez te has topado con personas que te generaron tanta frustración que después te preguntas si estás loco. Lo más probable es que hayas tenido un encuentro con alguien pasivo-agresivo. Estos encuentros pueden incluir sarcasmo, culpar a otros, decir una cosa queriendo decir otra, entre otras conductas. Por ejemplo, un paciente mío tenía un compañero muy hábil para hacer cumplidos como: "¡Te ves genial! Debes estar haciendo algo diferente", o sarcasmo disfrazado de elogio: "Oh, escuché que lograste otro milagro". El problema con este tipo de comentarios es que si intentas confrontarlos por el insulto, te dirán que no entendiste, que no quisieron decir eso, o que tienes un problema por pensarlo así, que solo querían hacerte un cumplido y lamentan no haberlo expresado bien para que te gustara.

Como resultado, terminas sintiéndote el malo, frustrado y cuestionándote, mientras la otra persona se va sin culpa.

La comunicación pasivo-agresiva busca controlar las emociones y el comportamiento de los demás. Usualmente, intenta expresar enojo indirectamente. Así, el individuo puede negar toda responsabilidad por la ira, pero ataca directamente a su objetivo. Un ejemplo común es criticar como si fuera preocupación: "¡Has subido mucho de peso! Podrías tener diabetes o enfermedades cardíacas si no moderas los dulces". En el contexto adecuado esto podría ser realmente una expresión de inquietud. Pero el contexto apropiado no incluye decirlo frente a otros justo cuando la persona está comiendo postre. En este caso, si se enfrenta el comentario, la persona a menudo negará su responsabilidad diciendo algo como: "Solo me preocupo por ti. Vaya, qué sensible eres".

La mejor forma de reconocer la conducta pasivo-agresiva es analizar el proceso y el propósito del comportamiento. Normalmente, como la finalidad es controlar y/o evadir la responsabilidad del enojo, el comportamiento pasivo-agresivo genera frustración o ira en el receptor y aumentará el conflicto a menos que el receptor lo maneje pasivamente tragándose, ignorando o descartando su enojo. Pero si el objetivo es intensificar el conflicto, la conducta pasivo-agresiva está calculada para provocar que el receptor actúe de forma poco razonable.

Por ejemplo, un padre transmite sutilmente "no creo que seas capaz" al asumir una tarea para hacerla bien, "déjame ayudarte a recortar eso" mientras se encarga del proyecto escolar del niño. Cuando el niño dice "puedo hacerlo solo", el padre sigue trabajando en el proyecto "sé que puedes. Solo te ayudo. ¿No crees que queda mejor?". Si el niño protesta airadamente: "¡No crees que pueda hacerlo bien!", el padre puede responder: "Claro que sí. Solo ayudaba. Eres un malagradecido".

Aquí, el padre escaló la situación para provocar el enojo del niño y luego criticarlo por estar enojado. Esto enseña al niño que sus emociones son inaceptables y que su padre no lo cree capaz. Con el tiempo, el niño aprende a no confiar en sus propias percepciones.

Otro ejemplo frecuente puede ser cuando una pareja intenta decidir dónde ir a cenar. La mujer dice: "Me da igual", pero se molesta cuando su esposo decide. Cuando él le pregunta qué le pasa, ella responde: "Sabes que no me gusta la comida china". Más adelante, en una situación completamente diferente, ella puede llevar esto un paso más allá: "¡Tú tomas todas las decisiones y no consideras mis preferencias!". Esto puede ponerse aún peor si la mujer acusa al esposo de maltratarla deliberadamente: "¡Haces lo que quieres. No te importan mis sentimientos!".

Este ejemplo ilustra cómo una situación simple puede escalar hasta incluir muchas situaciones distintas. La esposa pasivo-agresiva puede atacar airadamente a su esposo y culparlo a él del ataque. Él se confunde y se enoja: "¡Estás loca!", lo que permite a su esposa probar su punto: "¿Ves cómo me tratas? Insultándome y menospreciándome".

Tipos de personas pasivo-agresivas

Aunque la conducta pasivo-agresiva suele lastimar a quien la recibe, la intención no siempre es herir a la otra persona. Por lo tanto, si la intención de herir está presente, puede categorizar el tipo de persona pasivo-agresiva.

Tipo malicioso

Algunas personas pasivo-agresivas intentan deliberadamente provocar el enojo del otro para desplazar sus propios sentimientos de ira hacia el receptor. En esta situación, si un hombre tiene un mal día en el trabajo, puede crear una discusión en casa de forma pasivo-agresiva y luego descargar su enojo sobre su esposa. Por ejemplo, llega a casa, mira alrededor y pregunta: "¿Qué has hecho hoy?". Cuando su esposa se pone a la defensiva "¿Estás diciendo que soy una perezosa?", él responde "¡Realmente estás exagerando! Solo tenía curiosidad por saber qué hiciste hoy. ¡Eres tan sensible que ni siquiera puedo hablar contigo!".

Este tipo de persona podría etiquetarse como pasivo-agresiva en el sentido de que el propósito es crear ira o intentar controlar a otra persona. "Deberías tratar mejor a tu madre después de todos los sacrificios que he hecho por ti. Eres tan egoísta" es un ejemplo de intento de controlar el comportamiento. Al etiquetar negativamente una conducta, esperan controlar las respuestas. El tipo malicioso se refuerza siempre que puede controlar con éxito a la otra persona o cuando puede intensificar el conflicto permaneciendo aparentemente inocente.

Tipo hiriente involuntario

Otro tipo de persona pasivo-agresiva que podríamos etiquetar como "hiriente involuntario". Normalmente, intentan no lastimar a la otra persona, pero en el proceso pueden causar frustración o irritación sin querer. Esta persona también intenta controlar a la otra, por ejemplo, intenta controlar sus emociones. No quieren que la otra persona se sienta mal, por lo que intentarán abstenerse de cualquier comunicación que pueda parecer negativa. Sin embargo, sus sentimientos pueden ser legibles a nivel no verbal. Desafortunadamente, la otra persona puede no leer los sentimientos con precisión.

Por ejemplo, una novia espera que su novio capte sus indirectas de que quiere comprometerse, pero no expresa sus deseos; se irrita con él y cuando él capta la frustración no verbal y le pregunta si le pasa algo, ella dice: "No". Sin embargo, él se siente menos seguro de su relación debido a esta interacción pasivo-agresiva.

Otro ejemplo es el de un esposo que se siente decepcionado porque su esposa rechazó una oportunidad laboral, pero no quiere decirle cómo se siente porque no quiere herir sus sentimientos. Sin embargo, su decepción lo lleva, sin saberlo, a ser menos afectuoso, lo que hace que su esposa crea que se siente menos atraído por ella.

Tipos de comportamiento pasivo-agresivo

Como puedes ver en algunos ejemplos anteriores, la conducta pasivo-agresiva se manifiesta de muchas formas. Aunque lo fundamental al identificar el comportamiento es que logra expresar indirectamente el enojo, el individuo pasivo-agresivo no tiene que responsabilizarse por la conducta controladora y el mensaje de ira. Pero podemos dividir los comportamientos en varias categorías comunes, como se describe a continuación. Obviamente, notarás que estos comportamientos a menudo se superponen, por lo que en una situación puede darse más de uno.

Negación

Este tipo de conducta pasivo-agresiva ocurre cuando el individuo parece estar angustiado, frustrado, aburrido, confundido o experimentando cualquier número de emociones, pero cuando se le pregunta, se niega a admitir el sentimiento. Pueden negarlo rotundamente o pueden evitarlo ignorándolo, trabajando o desviándolo con humor. Pero el comportamiento tiene el resultado de frustrar al receptor porque es incapaz de enfrentar el problema y resolverlo. Así, este individuo es capaz de controlar al otro al no comprometerse en la resolución del conflicto cuando ha surgido un problema evidente.

Culpar

El pasivo-agresivo experto en culpar puede reformular casi cualquier comentario para que parezca culpa del receptor. "¡Deberías haberlo sabido!" o "¡Eres demasiado sensible!" son métodos comunes para culpar a la víctima. A veces puede ser tan extremo que rozaría lo ridículo si no fuera tan doloroso; por ejemplo: "Sabes que soy un cascarrabias antes de cenar. No te habría gritado si no me hubieras hecho una pregunta". Esta persona desvía todos los intentos de comunicarse sobre los problemas culpando a la otra persona.

Buscando venganza

Este comportamiento está calculado para intentar herir a la otra persona sin asumir la responsabilidad. Un ejemplo es el "cumplido por la espalda". El individuo se siente amenazado de alguna manera por el otro, ya sea real o imaginaria, y busca vengarse de forma encubierta. Al hacerlo, puede alegar ignorancia si se le confronta, como "No tenía idea de que te lo tomarías así", o recurrir a culpar "Debes estar imaginándolo. Nunca haría nada que te lastimara".

Controlar

Este comportamiento busca controlar al individuo de forma indirecta. Por ejemplo, un hombre que maltrata emocionalmente a su pareja le dice "Nadie podría quererte como yo" con el objetivo de provocar inseguridad en la mujer para que no lo deje. Otro ejemplo son los padres que dicen a sus hijos adultos que deben respetarlos o quererlos porque son sus padres, intentando así controlar su comportamiento. El amor y el respeto es algo que surge debido a la relación subyacente, no por una exigencia.

Culpar

Este comportamiento controla utilizando la culpa directa o indirectamente para controlar al otro. Una forma indirecta de culpar puede ser "No te preocupes por mí... estaré bien" seguido de un suspiro. Una forma más directa puede ser describir todos los esfuerzos realizados en tu nombre seguidos de una expectativa "Hoy solo limpié la casa, llevé a los niños a sus actividades, controlé a tu madre. Invitarme a cenar no es mucho pedir, ¿verdad?".

Sarcasmo

Muchos de los ejemplos anteriores contienen sarcasmo, probablemente porque suele ser uno de mis favoritos. Los comentarios sarcásticos pasivo-agresivos son la última forma indirecta de agresión porque están calculados para evitar responsabilidades como "Sabes que solo estaba bromeando". Sin embargo, tienen el impacto de controlar las emociones de la otra persona y potencialmente su pensamiento y comportamiento.

Puñalada por la espalda

Este comportamiento utiliza a menudo técnicas como el golpe bajo, usando contra la persona información previamente confiada o sensible, o comunicándose a través de otra persona pero con una negación plausible. Este individuo puede incluso recurrir a mostrar una preocupación artificial como forma de validar su comportamiento "Sabes que no querría lastimarte pero lo digo porque me preocupo por ti".

Como puedes ver con los ejemplos de este caso, muchas veces las palabras reales que usa la persona pasivo-agresiva pueden parecer razonables o incluso preocupadas. Por lo tanto, para determinar la conducta pasivo-agresiva, hay que considerar el contexto, la relación, las experiencias previas con el individuo y la comunicación no verbal. Pero incluso sin tener en cuenta todos estos factores, normalmente sabrás que eres el receptor de una conducta pasivo-agresiva por tu propia reacción emocional. Si te sientes frustrado, desanimado o loco como resultado de una interacción, probablemente se trataba de una conducta pasivo-agresiva.

Cómo manejar a las personas pasivo-agresivas

Aunque cada situación puede variar, hay algunos pasos básicos que puedes seguir con la conducta pasivo-agresiva.

Identifica la recompensa

Determina qué obtiene la persona pasivo-agresiva con su comportamiento. ¿Consigue algo que quiere? ¿Te hace sentir mal? ¿Descarga su ira en ti para sentirse mejor? ¿Incrementa el conflicto para hacerte quedar mal?

Niégate a dar la recompensa

Si te niegas a proporcionar la recompensa, ya no tienen el control de la interacción, lo que tiende a provocar que la situación se vuelva en su contra. Por ejemplo, cuando el compañero de trabajo que describí antes me hacía un cumplido, yo le respondía efusivamente: "¡Qué amable eres! Te lo agradezco mucho", como si fuera un cumplido genuino. Esto tendría el efecto de hacerle creer que no había logrado su propósito (que de todos modos no había logrado porque yo estaba pensando "Qué tonto es un adulto al actuar de esta manera") lo que tendía a reducir el comportamiento porque ella no estaba obteniendo su recompensa de sentirse mejor a costa mía.

Si determinas que el individuo está tratando de intensificar el conflicto, entonces debes calmarte aún más, casi al extremo. Cuanto más calmado estés, más evidente y ridículo parecerá su comportamiento. Además, no le permites obtener la recompensa de descargar libremente su ira sobre ti. Lo que quiero decir es que si permites que la situación escale, se enzarzarán en una batalla total mientras te culpan a ti de haber "iniciado" la discusión.

Enfrentarse indirectamente

Obviamente, como he descrito antes, si te enfrentas directamente a la persona pasivo-agresiva es probable que se vuelva contra ti. Pero si te enfrentas con frases "yo" en lugar de "tú" y mantienes la calma, es posible que logres reducir el comportamiento. Aunque es poco probable que consigas que admitan que se equivocaron, ya que no les gusta asumir responsabilidades, es más probable que reduzcan el comportamiento si saben que serán confrontados cada vez.

En el siguiente ejemplo se utiliza la técnica del disco rayado, que consiste en hacerles saber repetidamente cómo te sientes cuando actúan de forma pasivo-agresiva.

"Tienes que tener cuidado con lo que comes. Estás engordando".

"Me siento herido cuando me llamas gordo".

"Lo digo porque me preocupo por ti".

"Pero a mí me duele que me llames así".

"¡Eres demasiado sensible!"

"Puede ser, pero te hago saber que me siento herido cuando me insultas". Esta afirmación utiliza la técnica de estar de acuerdo con ellos pero sin dejar de usar el disco rayado para dejar claro tu punto de vista.

"Tienes que superarlo".

"Ya que te he dicho que me siento herido cuando me insultas, ¿debo asumir que intentas hacerme daño cuando me insultas?". Esta última frase no debe pronunciarse a menos que la persona pasivo-agresiva persista.

Escalada del comportamiento al establecer límites

Cuando empieces a cambiar un patrón de comportamiento en el que te has involucrado con alguien durante un período de tiempo, a veces puedes ver que el comportamiento empeora. Aunque a veces esto se debe a que todavía estás aprendiendo y necesitas más práctica, muchas veces ocurre porque la persona intentará escalar el comportamiento para obtener su recompensa. Es muy similar a intentar cambiar las rabietas de un niño. Si has estado recompensando al niño intentando calmarlo con un dulce cada vez que hace una rabieta y luego decides dejar de hacerlo, al principio verás un aumento de las rabietas. Sin embargo, si te mantienes firme y constante, con el tiempo disminuirán.

Llevará tiempo aprender a manejar a las personas pasivo-agresivas, pero el esfuerzo valdrá la pena. Cuando trabajo frecuentemente con pacientes, son necesarios varios intentos y ajustes en nuestro enfoque, pero si examinamos el comportamiento y el proceso de recompensa, normalmente podemos encontrar un método que funcione.

Capítulo 2 – Cómo Tratar con el Pasivo-Agresivo

Lidiar con personas pasivo-agresivas puede ser uno de los desafíos sociales más complicados. Incluso resulta más estresante que enfrentar la agresión directa, ya que te hace dudar de ti mismo. Cuando alguien es abiertamente agresivo, su intención es clara y es más fácil alejarse o denunciar su comportamiento. En cambio, las personas pasivo-agresivas evitan responsabilizarse de sus acciones, negando fácilmente su conducta o culpándote con frases como "no quise que lo tomaras así" o "eres demasiado sensible".

Por eso, el manejo del comportamiento pasivo-agresivo debe ser distinto al de la agresión directa. Para abordarlo efectivamente, es fundamental entender su propósito subyacente y responder de forma que les impidas lograr su objetivo. Mientras menos probable sea que lo consigan, más se reducirá este tipo de conducta.

Reglas para lidiar con personas pasivo-agresivas

Estas pautas te ayudarán a manejar a quienes exhiben comportamientos pasivo-agresivos. Aunque puede parecer difícil encontrar la respuesta adecuada en el momento, recuerda que ciertas personas en tu vida suelen repetir este patrón, lo que te permite prepararte. Una vez que practiques estas habilidades en situaciones predecibles, podrás lidiar mejor con aquellas más inesperadas.

Regla 1. Identifica el tipo de comportamiento pasivo-agresivo

Lo primero es determinar si la conducta pasivo-agresiva es maliciosa, autoprotectora o involuntaria. Esto te permitirá desarrollar una respuesta más efectiva para alcanzar tu objetivo.

- *No intencional*: Es el más fácil de manejar. Puedes ignorarlo si no es muy relevante o, si te molesta, expresar cómo te sientes. La comunicación directa tiene más probabilidades de generar un cambio cuando el comportamiento pasivo-agresivo no es deliberado.

- *Autoprotector*: Puede modificarse o no dependiendo de la necesidad de protección y nivel de negación de la persona. Confrontarlos directamente suele llevar a que te culpen sin obtener el resultado deseado. En cambio, reconocer el propósito de su comportamiento te permitirá abordarlo mejor.

- *Malicioso*: Estas personas solo buscan lastimarte evitando responsabilizarse. Cualquier respuesta puede empeorar la situación a su favor, por lo que debe ser muy pensada según cómo afecta tu vida. Por ejemplo, con un colega malintencionado, quizás debas enfocarte en la percepción de los demás y el control de daños, cuidando de no darle oportunidad de poner a otros en tu contra.

Regla 2. Reconoce cuándo debes ajustar tu forma de pensar o actuar

- *Reacción exagerada*: Asegúrate de no sobredimensionar comentarios hirientes, pensando que siempre son pasivo-agresivos. Incluso si dudas, enmarca tu respuesta de modo que sea apropiada independientemente de si la conducta es pasivo-agresiva o no.

- *Demandas*: A veces vemos al otro como pasivo-agresivo cuando no cumple nuestras expectativas poco razonables. Define claramente cuándo estás siendo poco realista.

- *Cuando eres pasivo-agresivo*: Reconoce si tú mismo estás siendo pasivo-agresivo, ya que quizás debas detener tu propia conducta antes de abordar la ajena.

Regla 3. Determina la recompensa de la persona

Una de las mejores formas de saber cómo responder es identificar qué obtiene el otro con su comportamiento pasivo-agresivo. ¿Se salen con la suya? ¿Se sienten mejor transfiriéndote su enojo o estrés? ¿Consiguen aprobación? ¿Satisfacen su necesidad de herir sin responsabilizarse? Una vez que determines la recompensa, podrás desarrollar una respuesta que se la niegue.

Regla 4. Elige tu objetivo

Antes de responder, define el resultado que deseas y evalúa si es alcanzable. ¿Quieres cambiar su comportamiento? ¿Frustrarlo impidiendo que obtenga su recompensa? ¿Manejar las consecuencias y la percepción de los demás? A menudo, el objetivo es salir de su trampa y acorralarlos para que dejen de ser pasivo-agresivos o asuman la responsabilidad de sus actos.

Regla 5. Mantén siempre la calma

En estas situaciones, quien permanece calmado tiene más probabilidades de triunfar. La persona pasivo-agresiva busca culpar y es más fácil hacerlo cuando el otro pierde el control. Sea cual sea tu objetivo y respuesta, mantén la calma o caerás en su trampa. Si anticipas que te costará, practica mediante juegos de roles, imaginación o frente al espejo.

Regla 6. Elige cuidadosamente tus palabras

Las palabras adecuadas pueden desescalar el conflicto, resolver el problema o hacer que el otro parezca el villano en vez de ti. Practica mentalmente o con juegos de roles cómo respondería la persona pasivo-agresiva a diferentes frases. Los enfoques "uno menos" (dejar espacio al desacuerdo) y "le he entendido" (repetir lo dicho pidiendo confirmación) pueden ser muy efectivos.

Regla 7. Sé firme

La asertividad, expresando cómo te sientes sin ser despectivo, es el mejor enfoque para una confrontación directa. Sé conciso, usa enunciados en primera persona, cíñete a los hechos, mantén un tono sincero, contacto visual, expresión facial neutra o agradable y postura abierta. Esto tiene más probabilidades de lograr un resultado satisfactorio que la agresión verbal.

Métodos para utilizar con personas pasivo-agresivas

Estos métodos pueden usarse individualmente o combinados, probando uno y pasando a otro si no funciona. No siguen un orden particular y deben elegirse según tu objetivo y lo que hayas determinado sobre la intención y recompensa de la persona pasivo-agresiva.

Método 1. Técnica de escucha activa

Escucha atentamente, muestra interés y luego reitera sus comentarios pidiendo confirmación. Esto obliga al otro a responsabilizarse de lo dicho, lo que suele reducir el comportamiento pasivo-agresivo con el tiempo. Además, aclaras su intención antes de actuar y puedes confrontar sus sentimientos una vez dilucidados.

Método 2. La técnica de la risa y el acuerdo

Reír y estar de acuerdo funciona bien con el sarcasmo porque lo ignora. Una crítica sarcástica como "debe ser agradable dormir hasta tarde" pierde su efecto si respondes "sí, lo es". Un "gracias" anula insultos sarcásticos, frustrando a la persona pasivo-agresiva.

Método 3. Técnica del interrogatorio

Hacer que la persona pasivo-agresiva justifique su afirmación con preguntas como "¿por qué dices eso?" los obliga a responsabilizarse, algo que evitan. Hazlo con inocencia y genuino interés.

Método 4. La técnica del disco rayado

Repite tus puntos principales sin importar cuánto el otro intente desviar, acusar o distorsionar la situación. "Te dije que eso era hiriente. Por favor, no lo repitas" una y otra vez suele acabar con su renuncia.

Método 5. Confrontación directa

A veces, la mejor forma de manejar el comportamiento pasivo-agresivo, especialmente si es deliberadamente hiriente, es confrontarlo directamente siguiendo las reglas de mantener la calma, ser asertivo y elegir bien las palabras. "Me siento insultado. ¿Es esa tu intención?" puede ser efectivo. Prepárate para exponer tu punto independientemente de cómo respondan, sin dejar que controlen la situación.

Método 6. Consecuencias del comportamiento

Otra forma de responder es a través de consecuencias como alejarte, poner límites claros y en voz alta ("¡basta!", "no voy a discutir esto"), dejar de hacer algo si interfieren con ello o no dar atención cuando la buscan con su comportamiento pasivo-agresivo.

Método 7. Recompensar el comportamiento deseado

Al ignorar o enfrentar el comportamiento pasivo-agresivo, es más fácil recompensar la conducta que quieres ver, haciéndola más probable y con suerte reemplazando la pasivo-agresiva. Responde rápida y positivamente a las declaraciones directas, da las gracias cuando ayuden sin negatividad y nota siempre los comportamientos adecuados.

Método 8. Sé pasivo-agresivo

Como último recurso y solo si no te importa la relación, puedes ser tú mismo pasivo-agresivo. Debes ser hábil y saber exactamente lo que haces para acorralarlos en una trampa de la que no puedan escapar sin evidenciar su comportamiento o parecer los malos. Su única opción será volverse más abiertamente agresivos o rendirse.

Seguir estas reglas y métodos no resolverá todos tus problemas con las personas pasivo-agresivas, pero probablemente te sentirás más en control y menos dubitativo al tratarlas. Con la práctica, podrás manejar estas desafiantes situaciones de forma cada vez más efectiva.

Capítulo 3 - La Maldad de los Demás y Tu Bienestar Emocional

En el mundo actual, nos encontramos con personas que nos tratan de manera poco amable, ya sea en nuestras interacciones en línea o fuera de ellas. Aunque el anonimato y la accesibilidad de Internet pueden empeorar este problema, no se limita solo a ese ámbito. Sin embargo, solemos permitir que la maldad de los demás nos afecte más de lo necesario. Cuanto más conscientes seamos de que su comportamiento no es intencional o que tiene más que ver con ellos mismos que con nosotros, menos lo personalizaremos y menor será su impacto en nuestro bienestar.

¿Qué significa personalizar?

Personalizar es interpretar el comportamiento de alguien como si fuera dirigido a ti o causado por ti, y luego sentirte mal contigo mismo. Veamos un ejemplo de mi práctica clínica:

Ana era una empleada dedicada y eficiente que solía completar más tareas que sus compañeros, quienes pasaban mucho tiempo charlando y navegando en Internet. Un día, una compañera salió de la oficina del supervisor y atacó verbalmente a Ana, culpándola de que la hubieran regañado por hacer quedar mal a los demás. Ana, conmocionada y herida, se sintió mal consigo misma porque alguien se había enojado con ella.

Aunque Ana no había hecho nada malo, sufrió las consecuencias de la ira de su compañera. El problema radicaba en que la colega estaba dirigiendo su enojo hacia Ana en lugar de asumir la responsabilidad de su propio comportamiento. Este tipo de reacción suele ocurrir cuando alguien se siente inseguro, lo que a menudo conduce a los celos y la culpa.

Si Ana pudiera reconocer que el ataque de su compañera se debía a los problemas personales de esta última y no tenía nada que ver con ella, podría encogerse de hombros más fácilmente y no sufrir las consecuencias emocionales.

¿Por qué hay tanta gente "mala"?

En realidad, no creo que la mayoría de las personas sean inherentemente malas. Sin embargo, en las circunstancias adecuadas, muchos pueden comportarse de manera poco amable. Los famosos estudios de Milgram sobre la obediencia, realizados hace aproximadamente 50 años, demostraron que casi el 70% de los participantes estaban dispuestos a administrar descargas eléctricas peligrosas a otra persona cuando se lo ordenaba una figura de autoridad, incluso cuando escuchaban gritos de dolor.

Esta investigación sugiere que, en las circunstancias adecuadas, como la presión para obedecer, la conformidad, el estrés y el miedo a la autoridad, la mayoría de las personas pueden actuar de manera "mala", aunque no sean inherentemente malvadas.

Las personas "malas" llaman la atención

A menudo parece que hay mucha gente "mala" en el mundo que nos rodea porque su comportamiento tiende a ser más notorio. Esto puede deberse a cómo nuestros cerebros están programados para la supervivencia. Según Rick Hanson, autor de "El Cerebro de Buda", estamos especialmente atentos a las cosas negativas en nuestro entorno porque son las que tienen más probabilidades de hacernos daño.

Además, el comportamiento malicioso suele ser especialmente ofensivo y doloroso, lo que nos hace detenernos y reflexionar sobre lo sucedido. Sin embargo, esto respalda la idea de que la maldad no es la norma. Si observas las noticias, verás que se centran en eventos inusuales o de gran impacto, y los acontecimientos negativos tienden a recibir más atención mediática que los positivos. Por lo tanto, dado que la maldad atrae nuestra atención, propongo que en realidad es más rara que la amabilidad, pero más notable.

La maldad es recompensada

Desafortunadamente, otro aspecto de la mezquindad que la hace más visible es que a menudo es recompensada. A veces, la recompensa puede ser tangible, como cuando un empresario despiadado gana más dinero. Sin embargo, también puede ser recompensada con atención o con una escalada del conflicto. Depende de cada persona qué tipo de recompensa es significativa, aunque para que la mezquindad continúe, debe haber algún tipo de gratificación para el agresor.

Maldad involuntaria vs. malintencionada

Aunque he intentado organizar los tipos de motivos para ser "mezquino" desde los no intencionados hasta los malintencionados, reconozco que se puede argumentar a favor de la malicia o la falta de intención en casi cualquiera de las categorías. Sin embargo, creo que, en general, las siguientes categorías representan un continuo de maldad, desde la no intencionada a la maliciosa.

La mezquindad involuntaria se refiere a comportamientos o declaraciones que el receptor puede percibir como mezquinos, pero que no pretendían ser hirientes. Mientras que la maldad maliciosa es el comportamiento o las declaraciones que tienen el propósito de herir al receptor.

Motivos de la maldad

Los siguientes motivos de la maldad se enumeran en un orden aproximado, desde las situaciones no intencionadas que pueden percibirse como malvadas, pasando por las situaciones reactivas en las que las personas son malvadas, hasta las situaciones con intenciones maliciosas.

1. Falta de habilidades/conocimientos o de conciencia

2. Falta de comunicación/malentendidos

3. Intenciones mal dirigidas

4. Autoprotección

5. Reactividad

6. Superioridad

7. Trastorno mental

8. Búsqueda de placer

Falta de habilidades/conocimientos o de conciencia

Con frecuencia, percibimos a alguien como hiriente cuando no había intención de hacerlo. En su lugar, el comportamiento puede deberse a una falta de habilidades, conocimientos o conciencia. Es importante reconocer cuando este puede ser el caso, ya que hay muchas situaciones en las que las personas parecen malas por estas razones sin tener esa intención. Al identificar estas situaciones, podrás reducir tu percepción de la cantidad de "maldad" a tu alrededor y tendrás menos probabilidades de sentirte insultado.

Falta de conciencia

A veces, los demás pueden estar concentrados internamente o en otra cosa y no darse cuenta de tu situación. Por ejemplo, alguien no te deja incorporarte al tráfico porque su atención está centrada en su acompañante. Aunque se podría argumentar que debería prestar más atención, no hay pruebas de que estuviera siendo mezquino intencionalmente.

La falta de conciencia también suele estar relacionada con las diferencias culturales. Lo que en una cultura se considera un comportamiento aceptable, en otra puede interpretarse como grosero o irrespetuoso. Al reconocer que las personas tienen diferentes sistemas de creencias y comportamientos, podemos entender que su conducta puede no ser "mezquina", sino que tiene un significado diferente en su cultura.

Algunas personas pueden tener poca perspicacia o conciencia de cómo afectan a los demás. Pueden tender a ser más concretas en sus procesos de pensamiento y no darse cuenta de que su comportamiento puede ser hiriente o grosero.

Falta de habilidades

Algunas personas pueden tener pocas habilidades sociales debido a una falta de enseñanza o experiencia en interacciones sociales. Como resultado, pueden sentirse incómodas interactuando con los demás. Por ejemplo, una persona tímida o con síndrome de Asperger puede no establecer un contacto visual adecuado, lo que algunos pueden interpretar como falta de interés.

Cuando las personas están aprendiendo habilidades como la resolución asertiva de problemas, puede que no sean capaces de encontrar las palabras adecuadas o el tono de voz que se adquiere con la experiencia, lo que puede hacer que parezcan más agresivas de lo que pretenden.

Algunas personas tienen dificultades para comunicarse porque carecen de la habilidad para expresar el tono adecuado, especialmente en la comunicación escrita. Esto ha provocado numerosos problemas en Internet, el correo electrónico y los mensajes de texto, donde el tono no puede transmitirse fácilmente. Ciertos tipos de humor o sarcasmo pueden ser muy difíciles de utilizar con el tono adecuado y pueden malinterpretarse fácilmente.

Falta de comunicación/malentendidos

En la comunicación intervienen al menos dos personas: una que transmite información y otra que la recibe. Los problemas pueden surgir en cualquier punto del proceso. La falta de comunicación se produce cuando la persona que transmite comete errores, como elegir palabras inexactas, usar un lenguaje no verbal que no coincide con las palabras, no tener en cuenta a la audiencia o las posibles interpretaciones basadas en las características del oyente. El malentendido ocurre cuando el receptor malinterpreta la comunicación.

Estos problemas de comunicación no suelen ser intencionados y, si se aclara la imprecisión, el problema suele resolverse. En mi práctica clínica, trabajé con una pareja que discutía agresivamente porque usaban la misma palabra con significados totalmente diferentes. Al entender la definición del otro, pudieron resolver la discusión.

Una de las causas más comunes de las interpretaciones erróneas son las suposiciones negativas del oyente. A veces, estas suposiciones son tan simples como creer que sabes lo que se va a decir y responder sin escuchar atentamente. Otras veces, pueden interpretar negativamente basándose en sus propios prejuicios o miedos. Por ejemplo, alguien con ansiedad social puede interpretar que "mañana estoy ocupado y no puedo comer contigo" significa "no me gustas".

La franqueza y la indirecta también pueden generar malentendidos. Algunas personas tienen un enfoque muy directo en su comunicación para evitar la insinuación o la comunicación indirecta que pueden dar lugar a confusiones. Sin embargo, este enfoque directo puede ser interpretado por el receptor como mezquino. Por otro lado, el enfoque indirecto se utiliza a menudo para no herir los sentimientos de la otra persona o evitar conflictos, pero suele dar lugar a una gran falta de comunicación y, a la larga, a más sentimientos heridos.

Intenciones mal dirigidas

A veces, percibimos a alguien como hiriente cuando en realidad está intentando ser útil. Esto puede ocurrir, por ejemplo, cuando un padre es sobreprotector o cuando un jefe revisa excesivamente el trabajo de alguien. Es fácil malinterpretar estos intentos de ayudar como ofensivos o insultantes. Sin embargo, en estos casos, la persona no es intencionalmente hiriente y a menudo la situación puede resolverse hablando del problema.

Otras veces, las personas pueden creer que tienen que actuar de una determinada manera para conseguir el resultado que desean. Por ejemplo, un jefe puede creer que tiene que ser duro y amenazante para que la gente haga su trabajo. Sin embargo, el proceso puede ser innecesario, ya que puede haber otras formas menos duras de obtener el mismo resultado.

Algunas personas tienen ciertas creencias con buenas intenciones, pero que pueden parecer mezquinas para los demás. Una de estas creencias es el deseo de ser completamente honesto en todas las interacciones. Esto puede sonar bien a primera vista, pero en la práctica puede parecer mezquino. Por ejemplo, decir directamente "creo que ese vestido te hace parecer gorda" puede ser sincero, pero es probable que hiera susceptibilidades.

Autoprotección

La maldad en el caso de la autoprotección se debe a la incapacidad del individuo para asumir la responsabilidad de sus problemas y hacer algo al respecto. Aunque algunas personas de esta categoría pueden ser maliciosas en su mezquindad, la mayoría de las veces intentan desesperadamente protegerse y sobrevivir, aunque de forma poco eficaz.

Algunas razones por las que las personas se involucran en la mezquindad autoprotectora incluyen:

- Baja autoestima: Muchas personas con baja autoestima, especialmente aquellas que no son conscientes de ello, pueden actuar para proteger su frágil autoestima. Pueden estar sufriendo emocionalmente y, desafortunadamente, una forma eficaz de sentirse mejor es sentirse superior a otra persona.

- Problemas de confianza: Muchas personas que han sido gravemente heridas o traumatizadas pueden sentir que no se puede confiar en los demás y han desarrollado métodos de autoprotección para sobrevivir. Algunos de esos métodos pueden percibirse como mezquinos, mientras que otros pueden ser realmente hirientes.

Es importante reconocer que, a menos que hayas hecho algo significativo, la maldad de estas personas no se trata de ti. Al tratar con este tipo de personas, es crucial entender que son malas debido a sus defectos personales, no porque haya algo malo en ti.

Reactividad

Una de las razones más comunes de la mezquindad es la reacción emocional. En estas situaciones, la persona puede reaccionar sin pensar en el impacto de su reacción. Por lo tanto, a menudo su objetivo no es herir a otra persona, aunque puede serlo. Además, a veces la reacción puede ser bastante grave y dañina.

Por ejemplo, cuando alguien se siente frustrado por una situación, puede reaccionar para liberar tensiones. Cuando esta reacción se dirige contra otra persona, puede considerarse mezquina. El estrés no controlado también puede aumentar los síntomas físicos de tensión y llevar a un comportamiento mezquino.

A veces, las personas transfieren de forma inapropiada su agresividad a alguien que no les ha causado el estrés en un intento de aliviar el malestar. Un ejemplo clásico es el de un hombre que es reprendido por su jefe, pero no quiere arriesgar su trabajo defendiéndose. Sin embargo, cuando llega a casa, le grita a su esposa por algo insignificante.

Superioridad

Los sentimientos de superioridad pueden llevar a comportamientos mezquinos que no siempre son deliberados, pero que pueden resultar muy hirientes para los demás. Algunas personas se creen realmente superiores a los demás debido a privilegios de nacimiento, logros o creencias morales. Pueden sentir desdén por quienes perciben como inferiores a ellos y tratarlos con falta de comprensión o compasión.

Trastorno mental

Ser mezquino debido a problemas mentales está más cerca del extremo malicioso del continuo debido a la gravedad de los hechos que pueden ocurrir. Sin embargo, es muy importante reconocer que la mayoría de las personas que padecen enfermedades mentales no son malvadas o, si lo son, probablemente se encuentran más en la categoría de autoprotección.

Aunque la maldad de una persona que padece una enfermedad mental puede no ser intencionada, a veces puede ser bastante hiriente. Por ejemplo, una persona con esquizofrenia paranoide puede volverse muy ansiosa en determinadas situaciones y reaccionar con mucha ira contra objetivos que no se lo merecen. Sin embargo, debo reiterar que la mayoría de las personas con enfermedades mentales, e incluso con esquizofrenia paranoide, no son hirientes con los demás.

Otras veces, las personas con enfermedades mentales pueden ser malas indirectamente. Por ejemplo, una mujer con trastorno obsesivo-compulsivo que exige a su familia un comportamiento de limpieza excesivo, como ducharse antes de entrar en casa. Si no cumplen, se enfada mucho en su intento de controlarlos.

La peor de las mezquindades debidas a una perturbación mental es la psicopatía. Un psicópata suele ser bastante intencionado en su maldad y a menudo malicioso. Este tipo de persona también puede obtener placer de la maldad y, por lo tanto, también estaría en la siguiente categoría.

Un psicópata es a menudo el tipo de persona más peligrosa porque con frecuencia pueden ser muy encantadores y desarmantes. A menudo no sabes que estás tratando con un psicópata hasta que es demasiado tarde. Afortunadamente, el tipo de psicópata que se ve en las películas y que es físicamente peligroso es más raro. Sin embargo, psicópata se refiere a cualquier persona que no tiene conciencia y está dispuesta a aprovecharse de otras personas para su propio beneficio personal sin sentir ningún remordimiento. Por lo tanto, pueden causar mucho daño, ya sean vendedores, políticos o delincuentes.

Búsqueda de placer

He colocado la razón de la búsqueda de placer como la más intencionada y maliciosa de las razones para ser malo porque me parece la más perturbadora. Aunque algunos de los comportamientos pueden no ser excesivos, las personas que actúan con maldad por este motivo lo hacen por egocentrismo y sin tener en cuenta a los demás. Buscan sentirse bien a costa de los demás. Las siguientes categorías se basan en el tipo de recompensa que obtienen al ser malos.

Con frecuencia, las personas se comportan mal por la atención que reciben. La atención ni siquiera tiene que ser positiva para ser gratificante. Lo vemos con frecuencia en niños que se portan mal y son malos con los demás porque llaman la atención. Desgraciadamente, algunas personas nunca maduran y siguen haciendo daño a los demás en la edad adulta con el propósito de llamar la atención.

Algunas personas confunden el respeto con el miedo. Creen que si maltratan a alguien se ganarán el respeto. Sin embargo, lo que consiguen es obediencia basada en el miedo. Por ejemplo, un jefe que amenaza a sus empleados con despedirlos por problemas menores para mantenerlos a raya.

Uno de los aspectos más gratificantes de ser mezquino es obtener poder. Hacer que otra persona sufra o reaccione les da el control sobre esa persona y les permite sentirse más poderosos. El intento de obtener poder puede ser directo y agresivo o Pasivo-Agresivo. A veces, el Pasivo-Agresivo es más difícil de reconocer.

Por ejemplo, alguien hace una declaración casual como: "Me sorprende que hayas manejado tan bien la situación". Si el destinatario reacciona negativamente al insulto oculto, la persona Pasivo-Agresiva podría afirmar: "No entiendo por qué actúas así. Lo único que hice fue hacerte un cumplido". En ese momento ha conseguido controlar la reacción emocional del receptor, lo que le da poder.

Algunas circunstancias recompensan la mezquindad con beneficios monetarios. Por ejemplo, alguien que se beneficia del uso de información privilegiada en detrimento de los accionistas de una empresa. O, personas que destrozan los productos de la competencia en Internet para mejorar sus propias ventas.

Como se desprende de las razones anteriores, la mayoría de las personas son mezquinas debido a algún defecto en sí mismas o a una distorsión en su forma de pensar. Por lo general, a menos que hayas hecho algo significativo, no se trata de ti. Ten en cuenta que digo "algo significativo" porque las personas que son malas a menudo encontrarán alguna cosa menor que hayas hecho para justificar su maldad y culparte.

Por lo tanto, si incluso una de estas razones puede aplicarse a una situación, tienes que reconocer que no tienes la culpa de la forma en que alguien te trata. Al reconocer que no mereces que te traten así, puedes evitar sentirte tan mal. Ciertamente, duele cuando alguien se muestra especialmente malicioso en su comportamiento, pero comprender que se debe a una alteración suya y no a ti puede ayudarte a sobrellevarlo.

Sin embargo, como no mereces que te traten con maldad, no respondas con un comportamiento mezquino. Eso sólo valida y recompensa a la persona que es mala, dándole permiso para comportarse mal a cambio. La atención y la escalada del conflicto recompensan el comportamiento mezquino porque les permite echarte la culpa a ti.

El objetivo principal de este texto es ayudar a las personas a reconocer que la maldad se recompensa cuando el ataque tiene éxito. Pero necesita tu participación para tener éxito. En otras palabras, cuando te sientes mal contigo mismo, la maldad ha tenido éxito.

Por lo tanto, lo que puedes hacer es no participar. Reconoce que, a menos que hayas hecho algo que perjudique claramente a otra persona, no eres la causa de la mezquindad. No bases tu autoestima en la opinión o el trato que otra persona tenga de ti. No te sientas mal contigo mismo cuando alguien te trate mal. En lugar de eso, compadécete de ellos o siéntete triste por que su experiencia del mundo sea tan negativa y limitada. Es probable que sufran las consecuencias de su mezquindad y no vivan muy felices. Recuerda: "Vivir bien es la mejor venganza". Céntrate en vivir tu vida y no te involucres en las mezquindades de la gente mezquina.

Capítulo 4 – Entorno Laboral

El acoso en el trabajo frecuentemente se presenta de maneras sutiles y complejas de reportar sin parecer demasiado sensible o mezquino. La intimidación abierta con violencia o amenazas físicas es inusual, ya que se puede reconocer y denunciar fácilmente. Por el contrario, el acoso laboral generalmente ocurre de forma pasivo-agresiva, a través de una serie de comportamientos discretos que el perpetrador puede negar o atribuir a malentendidos.

Algunos ejemplos habituales son:

1. No compartir información: Un colega no te da los datos que requieres para terminar una tarea, perjudicando tu rendimiento. Después declara que no se dio cuenta de que no tenías esa información.

2. Micromanejo excesivo (micromanagement): Tu jefe supervisa permanentemente tu trabajo, cuestionando cada detalle. Declara que es su estilo de liderazgo o que estaba preocupado por el proyecto y tu desempeño.

3. Chismes y rumores: Es particularmente difícil controlar o denunciar los rumores, ya que usualmente se propagan a tus espaldas y es difícil identificar de dónde provienen.

4. Lenguaje corporal despectivo: ¿Cómo denuncias expresiones faciales sarcásticas? Decir "pone los ojos en

blanco cada vez que doy mi opinión" puede hacerte parecer demasiado sensible.

5. Bromas hirientes: El mismo comportamiento puede interpretarse de manera muy distinta dependiendo de si proviene de un amigo cercano o de alguien con quien tienes una relación tensa. El acosador puede declarar que solo estaba bromeando sin intención de lastimar.

6. Críticas constantes: Tu jefe se concentra en tus errores, apresurándose a señalarlos, pero rara vez reconoce tus logros.

Como ves, el acoso laboral puede ser difícil de erradicar cuando adopta formas pasivo-agresivas y disimuladas. Además, generalmente se trata de un patrón acumulativo de comportamientos en lugar de incidentes aislados. La persona acosada reconoce el maltrato por cómo la hace sentir, pero puede tener dificultades para identificar conductas específicas cuando el hostigamiento es sutil.

Sin embargo, el acoso laboral puede tener efectos profundos en las víctimas, como ansiedad, depresión o incluso trastorno de estrés postraumático. Socava la confianza, afecta el desempeño y obstaculiza las posibilidades de ascenso.

Afortunadamente, algunas personas muestran mayor resiliencia al acoso, lo que les permite sobrellevarlo mejor. Desarrollar esa capacidad de recuperación puede frustrar las intenciones de los acosadores, volviéndose contraproducente para ellos y motivándolos a cambiar su conducta.

Investigaciones señalan que ciertos estilos de personalidad son más resilientes al acoso. Si bien los rasgos de personalidad tienden a ser estables en el tiempo debido a factores genéticos y temperamentales, los comportamientos característicos de ciertos perfiles pueden ser aprendidos y adoptados por aquellos con estilos diferentes. Así que independientemente de tu personalidad de base, puedes cultivar la resiliencia frente al acoso.

Perfiles de Personalidad y Vulnerabilidad al Acoso

1. El Cooperador Exitoso: Este estilo es resistente al acoso y describe a personas emocionalmente estables, con baja ansiedad, alta amabilidad y gran conciencia. Los individuos muy amables tienden a dar a los demás el beneficio de la duda. En lugar de interpretar las conductas como negativas y ofensivas, es más probable que las atribuyan a factores involuntarios, estrés o un mal día. Así, no personalizan esos comportamientos y es menos probable que reaccionen. Cuando la estabilidad emocional y la amabilidad se combinan con una elevada conciencia, la persona muestra motivación, persistencia y una actitud laboral positiva. Tiende a cooperar con otros y a buscar apoyo cuando lo necesita. Suele ser confiada,

compasiva y preocupada por los demás, lo que le permite forjar buenas relaciones interpersonales.

2. El Optimista Sociable: Este perfil también es resistente al acoso y corresponde a alguien emocionalmente estable, extrovertido y abierto a nuevas experiencias. Tiende a ser seguro de sí mismo, sociable, calmado, con buena tolerancia al estrés, más propenso a buscar apoyo social si lo requiere y menos inclinado a hacer interpretaciones negativas de los eventos. Cuando este estilo se combina con alta conciencia, caracteriza a una personalidad emprendedora con gran flexibilidad psicológica, menos vulnerable al estrés y al acoso.

3. El Perfeccionista Hostil: Este estilo, con su inestabilidad emocional, baja amabilidad y elevada conciencia, es vulnerable al acoso laboral. La conciencia, a menudo considerada un "arma de doble filo", puede ser protectora cuando la concentración en el trabajo se utiliza para distraerse del entorno emocional estresante. Sin embargo, cuando se combina con expectativas perfeccionistas, negatividad y hostilidad, el bienestar se ve comprometido frente al acoso. Las personas con este estilo tienden a ser obstinadas, decididas y propensas a la agresión verbal, aunque es menos probable que se involucren en agresión física debido a las normas más estrictas que su conciencia les impone. Un individuo muy consciente pero negativo suele tener baja autoestima o proyectar esa negatividad hacia afuera, culpando a otros por no hacer las cosas bien. Debido a su carácter poco

amable y exigente con los demás, es más probable que provoque reacciones adversas en otros.

4. El Inconformista Socialmente Ansioso: Esta persona puede ser ansiosa y tímida, pero también poco convencional y abierta a nuevas experiencias. Esta combinación la hace más vulnerable al acoso. Los individuos abiertos a la experiencia tienden a sentir tanto las emociones negativas como las positivas con mayor intensidad. Cuando esto se combina con optimismo, estabilidad emocional y extraversión, suele ser protector porque pueden experimentar más emociones positivas y liberar las negativas a través del apoyo social. Sin embargo, cuando se asocia con ansiedad social e introversión, sus actitudes poco convencionales pueden hacerlos destacar negativamente y ser blanco de acoso. Así, este individuo experimenta estrés al sentirse tironeado en direcciones opuestas: deseo de ser diferente pero ansiedad por llamar la atención de forma negativa.

¿Qué Conductas de las Personalidades Resilientes Pueden Aprenderse?

Aunque modificar tu personalidad puede ser difícil, adoptar los comportamientos típicos de estos estilos resilientes te permitirá reducir el impacto del acoso laboral. Si bien la personalidad está influenciada por la genética, la conducta es una elección y puede aprenderse.

Por ejemplo, tuve una paciente socialmente ansiosa, introvertida y depresiva, rasgos que la hacían más vulnerable al acoso. Estaba siendo hostigada y acosada sexualmente por su jefe de formas sutiles y sujetas a interpretación, por lo que denunciarlo no resultaba eficaz. Nos enfocamos entonces en que ella fuera directa y asertiva con él. Cuando él tenía un comportamiento inapropiado, ella se lo señalaba claramente. Si él protestaba diciendo que no pretendía nada malo, ella respondía: "Independientemente de tu intención, te digo que me lastima y quiero que dejes de hacerlo". Aunque al principio temía perder su trabajo, no solo logró que él dejara de acosarla, sino que incluso la ascendió a un puesto directivo.

Hay varias conductas que las personalidades resilientes adoptan naturalmente, pero que también pueden ser aprendidas por otros estilos:

1. Buscar apoyo social: Una forma clave de afrontar el estrés es a través del sostén de otros. Tener alguien con quien hablar, pedir consejo o compartir mejora la resistencia al acoso. Un introvertido no necesita un gran círculo social, pero puede beneficiarse de unos pocos vínculos de confianza.

2. Ser amable: Mostrarse amable y enfocarse positivamente en los demás puede ayudar a resistir el acoso. Una razón es que el objetivo del acosador es generar conflicto o angustia, por lo que cuando no lo logra su conducta puede volverse contraproducente y frustrante para él. Además, ser generalmente amable hará

que los demás te apoyen más y sea menos probable que validen al acosador.

3. Optimismo: Un optimista tiende a esperar resultados positivos, por lo que frente al acoso busca formas de resolver los problemas en lugar de centrarse en los aspectos negativos de la situación.

4. Interpretaciones positivas: Quienes resisten el acoso suelen hacer interpretaciones positivas o al menos neutras de la conducta del acosador. Tienden a no verse a sí mismos como la causa del comportamiento negativo ajeno. También es más probable que vean al acosador de forma compasiva en lugar de atribuirle intenciones maliciosas. Una forma de lograrlo es reconocer que muchos hemos reaccionado hiriendo a otros cuando estamos estresados.

5. Esfuerzo no perfeccionista: Es poco probable que quienes resisten el acoso sean perfeccionistas. Se esfuerzan por alcanzar la excelencia pero pueden aceptar los errores. En lugar de que el fracaso alimente un autoconcepto negativo, lo ven como una oportunidad para aprender y mejorar. Son persistentes porque no toman el fracaso como motivo para rendirse.

6. Flexibilidad psicológica: Tener la capacidad de adaptarse y modificar la conducta cuando una situación lo requiere ayuda a ser más resiliente al acoso. En lugar de esperar que los demás o las circunstancias cambien, se enfocan en lo que pueden controlar, que suele ser su

propio comportamiento. Esto les permite encontrar soluciones más fácilmente.

7. Autoconcepto positivo: Quienes resisten el acoso suelen tener un autoconcepto positivo, por lo que es menos probable que el maltrato afecte su autoestima o la imagen que tienen de sí mismos. En cambio, ven el acoso como un problema del otro y buscan formas de protegerse.

¿Qué Hacer Cuando Eres Víctima de Acoso Laboral?

Además de volverte menos vulnerable desarrollando las conductas mencionadas, aquí hay algunas medidas que puedes tomar para manejar la situación:

1. Promuévete a ti mismo: Registra por escrito tus logros y cómo eres un activo valioso para la empresa. Esto te recuerda la verdad sobre ti y tu desempeño laboral, motivándote a destacar tus contribuciones ante quienes ocupan puestos importantes. No permitas que el acoso te vuelva pasivo o mine tu confianza. Fortalécete para ver la realidad con claridad.

2. Sé asertivo: Aprende habilidades de comunicación para manejar eficazmente las conductas pasivo-agresivas. Confronta el comportamiento, pero hazlo de una manera que funcione.

3. Documenta los patrones: El acoso rara vez es un incidente aislado, sino un patrón de conductas. Registra los comportamientos que ocurren, incluyendo tus respuestas mostrando cómo intentaste manejarlo. Al documentar, escribe relatos textuales y descripciones específicas de la conducta sin interpretaciones subjetivas. Por ejemplo, en lugar de escribir "Intentó humillarme", anota "Señaló mi error reiteradamente en una reunión grupal diciendo 'No puedo creer que hicieras esto'".

4. Denuncia: Una vez que tengas la documentación y tus esfuerzos no hayan modificado la situación, busca ayuda reportando formalmente la conducta.

Capítulo 5 – Asumir el Reto

En algún momento, todos hemos actuado de manera pasivo-agresiva. Aunque la literatura sobre comunicación destaca lo crucial de ser directos y asertivos, siempre le he dicho a mis pacientes que cada estilo de comunicación tiene su momento y lugar apropiado. Por ejemplo, si llevas tu auto al mecánico varias veces por el mismo problema y quieren cobrarte nuevamente por repararlo, una respuesta verbalmente agresiva podría ser efectiva para lograr tu objetivo. En cambio, si te encuentras con una persona irrazonablemente enojada, lo más sensato sería dar una respuesta pasiva de autoprotección y alejarte de la situación.

En mi práctica clínica, siempre he enseñado que el estilo de comunicación que elijas debe basarse en el resultado que deseas obtener. Por ejemplo, con el mecánico quizás no te importe la relación a largo plazo; simplemente quieres que arreglen tu auto, así que una postura agresiva podría funcionar. Sin embargo, la agresividad no es una buena opción en una relación que valoras.

Lo mismo se aplica a la comunicación pasivo-agresiva. Usualmente, no es una buena elección para las relaciones que son importantes para ti. Observa que me refiero a una "elección". La mayoría de las personas actúan sin pensar. Tienen patrones de comportamiento arraigados y pueden no ser conscientes de su propio comportamiento pasivo-agresivo. Pero continuar con estos patrones de comportamiento es una elección.

Aunque la mayoría reconoce que no les gusta ser receptores de conductas pasivo-agresivas porque son frustrantes y desagradables, a muchos les cuesta etiquetar sus propias conductas como pasivo-agresivas. En lugar de eso, tienden a justificar sus acciones enfocándose totalmente en el comportamiento de la otra persona. Sin embargo, a veces, cuando leen sobre el comportamiento pasivo-agresivo de otros, comienzan a reconocer su propio comportamiento.

Si los problemas de comunicación están interfiriendo en tus relaciones, puede ser una buena idea examinar si tienes un comportamiento pasivo-agresivo. Al reconocer cuándo eres pasivo-agresivo, puedes cambiar tu patrón y desarrollar mejores relaciones. Lo siguiente puede ayudarte a examinar más a fondo tu comportamiento y crear un plan para cambiar. Muchos comportamientos pasivo-agresivos son involuntarios, pero aun así son dañinos para la relación. Otros comportamientos pasivo-agresivos pueden estar deliberadamente calculados para herir a la otra persona.

Aquellos que son pasivo-agresivos y quieren cambiar normalmente son pasivo-agresivos no intencionales. En otras palabras, no están tratando maliciosamente de causar problemas a los demás o no les importa cómo lastiman a otros. A veces incluso pueden tener buenas intenciones, como no querer herir los sentimientos de alguien o causar un problema. Pero en lugar de comunicarse directamente sobre los problemas, se involucran en el comportamiento pasivo-agresivo. Por lo tanto, lo que sigue se centra principalmente en el tipo no intencional de pasivo-agresividad.

El propósito del comportamiento pasivo-agresivo no intencional

Por lo general, el comportamiento pasivo-agresivo no intencional es de alguna manera autoprotector o es un comportamiento aprendido. Este comportamiento pasivo-agresivo puede ocurrir por varias razones:

1) Patrones de comunicación aprendidos. A menos que busquemos deliberadamente nuevos métodos de comunicación, tendemos a utilizar los que aprendimos cuando éramos niños. Por lo tanto, si alguien crece en una familia donde el comportamiento pasivo-agresivo es el principal método de comunicación, es probable que utilice el mismo método. Es posible que no hayan aprendido la comunicación directa y carezcan de habilidades para resolver problemas. Cuando se enfrentan a situaciones potencialmente conflictivas, recurren al comportamiento pasivo-agresivo porque es lo único que conocen.

2) Miedo al rechazo. Algunas personas temen que si son directas, la otra persona pueda rechazar su petición o incluso rechazarlas a ellas. Por eso, el comportamiento pasivo-agresivo les permite negar su responsabilidad si se

los confronta, quizás incluso culpando a la otra persona: "No quise decir eso, lo entendiste mal".

3) Miedo a la ira. Algunas personas tienen miedo a la ira. Algunas pueden temer la ira de los demás porque les han hecho daño en el pasado. Otras pueden temer su propia ira porque no quieren lastimar a los demás. En cualquier caso, el resultado es la evitación mediante el uso del comportamiento pasivo en lugar de la expresión directa de la ira.

Tipos de comportamiento pasivo-agresivo no intencional

La característica distintiva del comportamiento pasivo-agresivo es la comunicación de la ira de forma indirecta o pasiva. Cuando la ira no se expresa directamente, resulta difícil resolver los problemas. La expresión indirecta de la ira significa que el receptor puede captar señales de comportamiento no verbales que indican que hay un problema, pero si intenta abordarlo se encuentra con obstáculos debido a los siguientes tipos de comportamiento. La persona pasivo-agresiva puede ser una combinación de estos tipos, pero normalmente tiene un estilo preferido.

1) Tipo silencioso. En lugar de responder cuando alguien lo confronta, permanece en silencio. Las personas que guardan silencio cuando están enojadas suelen intentar evitar el conflicto. Sin embargo, su silencio indica que existe un problema. Este comportamiento hace

que la otra persona se sienta frustrada y enojada cuando intenta resolver el problema.

2) Tipo insinuante. Este tipo deja caer indirectas si está enojado o quiere algo. Si la otra persona no entiende sus indirectas, pone mala cara o se enoja. Las indirectas pueden parecer obvias para la persona que las hace, pero no son un método claro de comunicación. El problema surge cuando la persona cree que sus indirectas son perfectamente comprensibles. A menudo he tenido pacientes que decían que le habían dicho claramente a su cónyuge lo que querían, pero cuando les preguntaba por la formulación exacta lo clasificaba como una indirecta. Desde luego, no es justo para la otra persona que le insinúes pero creas que te estás comunicando claramente, porque entonces la tendencia es creer que la otra persona te está ignorando deliberadamente.

3) Tipo negador. Este tipo niega los sentimientos de enojo mientras da portazos u otros comportamientos no verbales que muestran enojo. Sin embargo, cuando alguien lo acusa de estar enojado o molesto, lo niega: "No pasa nada". Gran parte de la comunicación consiste en expresiones faciales y otros comportamientos no verbales. Por eso puede ser muy frustrante para la otra persona que niegues tu evidente enojo. Una vez más, impide la resolución del problema.

4) Tipo complaciente. Cuando se enoja, este tipo ignora sus propias necesidades e intenta complacer a los demás. Sin embargo, las personas complacientes suelen

resentirse cuando los demás no se centran en sus necesidades: "Siempre estoy atendiendo a los demás. ¿Cómo es que nunca recibo nada a cambio?". La respuesta a esta pregunta suele ser que los demás no son conscientes de las necesidades o el enojo del complaciente porque éste no comparte esa información.

5) Tipo evasivo. En lugar de abordar un problema o tratar con una persona difícil, este tipo finge que no hay ningún problema. Aunque este tipo es similar al tipo negador, una diferencia importante es que el tipo negador muestra un comportamiento que indica enojo, mientras que el tipo evasivo no da ninguna indicación de enojo. De hecho, los temas pueden evitarse tan completamente que el evasor ni siquiera sabe el grado de enojo que siente.

6) Tipo sarcástico. El sarcasmo es otro tipo de negación. Este tipo da a conocer sus sentimientos a través del sarcasmo, pero lo niega si alguien se lo toma en serio. El sarcasmo es otra forma de evitar una expresión directa de las emociones y de asumir la responsabilidad de esos sentimientos.

7) Tipo ansioso. Algunas personas ansiosas quieren que los demás se comporten de determinada manera debido a su propia ansiedad, pero en lugar de ser directas utilizan la comunicación indirecta, como la culpabilización, para controlarlos.

8) Tipo acusador. En lugar de decir cuándo están enojados o no quieren hacer algo, este tipo acusa a la otra

persona indirectamente y con un tono: "Me ocuparé de ello como hago siempre".

9) Tipo agradable. Este tipo quiere controlar las decisiones de los demás sin parecer que controla. Por ejemplo, una mujer que se siente frustrada porque su esposo no cuida de su salud le pregunta dulcemente: "Cariño, ¿estás seguro de que eso es lo mejor para ti? ¿Lo has pensado bien?". Si se los confronta, es probable que nieguen el control e indiquen que sólo están preocupados.

Estas son algunas de las formas involuntarias en que las personas pueden ser pasivo-agresivas. Como puedes ver, la mayoría se deben a que las personas tienen ciertos deseos pero, en lugar de expresarlos directamente, utilizan la comunicación indirecta.

Las descripciones anteriores no son para diagnosticar a otra persona, sino para entenderte a ti mismo. El problema de diagnosticar a otra persona es que no siempre sabemos cuál es su intención subyacente. Y el comportamiento pasivo-agresivo siempre tiene que ver con la intención: es la expresión indirecta de la ira. Así que, por ejemplo, el hecho de que alguien esté posponiendo las cosas y eso te cause frustración no significa que esté intentando pasivo-agresivamente causarte frustración; podría estar simplemente posponiendo las cosas. En otras palabras, no es el efecto sobre el receptor lo que determina el comportamiento pasivo-agresivo, es la intención del comportamiento lo que lo determina.

Cómo puedes cambiar

1) Elección. En primer lugar, reconoce que el comportamiento pasivo-agresivo es tu elección. El hecho de que siempre te hayas comportado así no significa que tengas que seguir haciéndolo. Analizando tu comunicación y las consecuencias, puedes determinar si el comportamiento pasivo-agresivo está implicado. Si el comportamiento pasivo-agresivo está causando problemas o un deterioro de tus relaciones, puedes elegir aprender un método de comunicación más directo.

2) Aprender habilidades de comunicación. Principalmente, querrás aprender a comunicarte directamente cuando estés enojado, frustrado, resentido y necesites resolver un problema interpersonal. Hay muchas oportunidades para aprender estas habilidades, como libros, seminarios/clases o incluso terapia individual.

3) Practica. Determina algunas situaciones en las que sueles ser pasivo-agresivo. Después, utilizando lo que has aprendido sobre comunicación, desarrolla algunas formas de actuar que sean más directas y asertivas. Puedes incluso escribir ejemplos de respuestas para que te resulte más fácil recordarlas. Es más fácil empezar con situaciones que ocurren con frecuencia porque puedes prepararte de antemano y practicar (en tu cabeza o frente a un espejo) antes de que ocurran. Si practicas las situaciones habituales, estarás más preparado para las menos habituales.

4) Comunícaselo a los demás. Dile a tus amigos íntimos y a tu familia que reconoces que puedes ser pasivo-agresivo y que estás intentando trabajar en ello. Sin embargo, es un patrón de comportamiento fuerte y no siempre eres consciente de ello. Ellos pueden ayudarte haciéndote saber cuándo tu comportamiento es hiriente. Este paso puede ser particularmente difícil porque a las personas pasivo-agresivas no les gusta que les digan cuándo están haciendo daño a alguien. Sin embargo, es importante para tu recuperación que asumas la responsabilidad de tu comportamiento.

5) ¡No te rindas! Cambiar de comportamiento requiere esfuerzo. Uno de los aspectos más difíciles es que otras personas pueden seguir respondiéndote como si estuvieras siendo pasivo-agresivo. Por ejemplo, si una persona sarcástica está intentando ser sincera, puede que se le siga acusando de ser sarcástica. O si una persona controladora está expresando un sentimiento sin la expectativa de intentar controlar, esa expresión puede seguir siendo vista por los demás como un intento de control. Reconoce que incluso cuando se está haciendo un esfuerzo puede pasar un tiempo antes de ver los resultados de una mejora en las relaciones.

Capítulo 6 - Ejemplos comunes y cómo abordarlos

El comportamiento pasivo-agresivo puede ser frustrante y difícil de manejar, tanto en relaciones personales como profesionales. A continuación, exploraremos algunos ejemplos comunes de este tipo de conducta y estrategias efectivas para abordarlos.

La actitud irrespetuosa de una hija adulta

Imagina que eres madre de una hija de 36 años con quien tienes una relación tensa. Ella frecuentemente te habla en un tono sarcástico, pone los ojos en blanco y sonríe con desdén, a pesar de tus repetidas peticiones de que se comunique respetuosamente. Cuando expresas tu enojo, ella te acusa de hacer un escándalo por nada y de volverla loca.

En situaciones de crisis, especialmente financieras, tu hija te llama desesperadamente buscando ayuda. Tú la apoyas a ella y su familia pensando en el bienestar de tus nietos, pero nunca recibes un gracias o muestra de aprecio. Si insinúas que agradecerías un poco de gratitud, ella reacciona con sarcasmo, gritos o insultos.

Esta dinámica refleja un patrón de comportamiento pasivo-agresivo por ambas partes. La hija utiliza principalmente sarcasmo y culpabilización, mientras que la madre ejerce un control pasivo-agresivo. Es común que las mujeres sean condicionadas desde jóvenes a comunicarse indirectamente, lo que puede derivar en este tipo de interacciones.

Para romper este ciclo, la madre debe:

1. Educarse sobre la comunicación pasivo-agresiva

2. Cuestionar sus propios pensamientos y reacciones

3. Cambiar su forma de responder a la situación

En lugar de intentar controlar el comportamiento de su hija adulta, lo cual sólo escala el conflicto, la madre puede optar por no involucrarse. Si la hija no valora su ayuda, la madre no está obligada a brindarla. Ante el maltrato, puede retirarse tranquilamente de la situación o colgar el teléfono, sin entrar en discusiones ni dar explicaciones.

Lo esencial es no engancharse en la dinámica. Pero para lograrlo, la madre primero debe cambiar su forma de pensar respecto a hacer que su hija se comporte mejor. Sólo así podrá desprenderse emocionalmente del conflicto. Los distintos componentes de la terapia cognitivo-conductual trabajan en conjunto para ayudar a manejar este tipo de escenarios.

Lidiar con un ex sarcástico

Considera la siguiente situación: Compartes en Facebook sobre tu trabajo de medio tiempo como cajera en una tienda, mencionando lo divertido que es hacer arreglos florales y que tal vez deberías cambiar de carrera a florista. Eres licenciada en Diseño Gráfico y actualmente te capacitas en diseño web.

Un ex que solía burlarse de ti por no encontrar un empleo en tu campo justo después de graduarte, comenta: "Creo que la Floristería va muy bien con tu título". Al señalarle lo grosero de su afirmación, él lo niega diciendo que intentaba ser amable, que hablaba en serio y que tú dramatizas y exageras. Por un momento dudas de tu reacción, pero amigos y familiares que desconocen el trasfondo confirman que el comentario les pareció sarcástico y descortés.

Decides confrontarlo directamente por mensaje. Cuando él sigue culpándote y lanzando palabras hirientes, lo eliminas de Facebook.

Este es un buen ejemplo de cuán efectivos pueden ser los comentarios pasivo-agresivos, especialmente por escrito donde no hay un "tono sarcástico". Aunque no podemos estar 100% seguros de la intención, dada la historia previa, probablemente sí fue un comentario pasivo-agresivo.

Sin embargo, en realidad no importa si lo fue o no, porque la mejor respuesta es la misma: no permitir que la persona pasivo-agresiva logre su objetivo de hacerte enojar, sentir mal, dudar de ti mismo o volverte "loco", mientras niega su responsabilidad.

En este caso, el ex tuvo éxito en generar angustia y conflicto para luego culparte. Alcanzó su meta. Pero tú resolviste satisfactoriamente la situación bloqueándolo para no seguir lidiando con su comportamiento y acusaciones mal intencionadas.

¿Qué pasa cuando no puedes simplemente bloquear a alguien y debes interactuar con esa persona regularmente? La clave es responder de una manera que frustre el objetivo de la persona pasivo-agresiva. Un "gracias" o ninguna respuesta impiden que consiga hacerte sentir mal para luego culparte por exagerar.

Incluso le da una pequeña satisfacción haber podido voltear su comportamiento en su contra. Un "gracias" es especialmente frustrante para el pasivo-agresivo, ya que no sólo falló, sino que su comentario fue tomado como un cumplido. No tiene salida, pues no puede admitir que fue sarcástico sin quedar mal. Si sigues respondiendo así, es probable que deje de usar el sarcasmo al ver que no funciona y le resulta contraproducente.

El novio a la defensiva

Cuando una mujer le pregunta a su novio cuándo piensa dejar la casa de transición en la que ha vivido por 8 años, él cuestiona defensivamente cuál sería el beneficio de irse. La discusión escala. Ella intenta explicar las ventajas obvias de mudarse, pero él comienza a gritar. La mujer le pide que baje la voz, gritando ella también. Él replica: "Tú gritas más que yo, ¿cómo puedo decir algo si hablas por encima de mí?" Y se va, dejando la conversación sin resolver.

Aunque la mujer se queja del comportamiento pasivo-agresivo de su novio, este ejemplo ilustra cómo esa conducta puede generar una reacción similar en la otra persona. Analicemos cómo el comportamiento inicial de ella provocó que esto se convirtiera en una discusión improductiva.

¿Por qué sugiero que la conducta de ella es pasivo-agresiva? Al decir que las ventajas de mudarse son obvias, indica que sólo busca una respuesta específica, no una discusión abierta. Está enojada con él por este tema, pero en lugar de expresarlo adecuadamente, ejerce un control pasivo-agresivo. Aunque no sepamos sus palabras exactas, él claramente percibió el mensaje: "No me importan tus razones para quedarte, sólo quiero que te mudes".

¿Cómo se podría cambiar esta interacción? Afortunadamente, está bajo el control de ella modificar su propio comportamiento pasivo-agresivo. En vez de argumentar los "beneficios" de la mudanza, puede expresar cómo se siente: "Me siento frustrada porque no entiendo por qué no te mudas". Al usar una declaración en primera persona, se responsabiliza de sus emociones en lugar de acusarlo. Las afirmaciones que comienzan con "tú", como "deberías mudarte porque...", sólo ponen al otro a la defensiva, agravando el desacuerdo.

El segundo paso es escuchar activamente en lugar de imponer su opinión o hablar por encima de él. Parece que él tiene algunas ideas sobre el tema que ella no le permite expresar. No se siente escuchado. Escuchar de verdad implica hacer preguntas y parafrasear lo que entiendes que la otra persona está diciendo para darle la oportunidad de clarificar o corregir malentendidos. En eso consiste la comunicación genuina.

Es probable que ella no pueda controlar el resultado de la decisión de él. Pero al facilitar una mayor comunicación, puede contribuir a una mejor relación de pareja.

La suegra que quiere ser el centro de atención

Imagina que tu futura suegra siempre quiere ser el centro de atención. En el colmo, planea usar un vestido más elegante que el tuyo en tu boda. Sospechas que es un intento pasivo-agresivo deliberado de hacerte quedar mal en tu gran día, ya que no lo hizo en la boda de su propia hija. Te preguntas cómo detenerla.

Lo que parece pasivo-agresivo no siempre lo es. A menudo es importante no asumir una intención negativa, o te encontrarás frecuentemente enojada y angustiada. Puede que esta suegra quiera destacar, pero concluir que busca opacarte deliberadamente es una suposición.

Como novia, exageras por un par de razones. Sin importar lo que use tu suegra, no eclipsará a la novia (a menos que vaya desnuda). Si se excede, sólo se verá ridícula, lo cual no te afecta a ti ni a tu boda. Todas las familias tienen parientes bochornosos en las bodas, así que la gente suele ser empática. Tu actitud amable ante esos invitados incómodos hablará bien de ti. Eso significa no confrontar, no enojarse y no criticar a tu suegra a sus espaldas.

Además, partir de suposiciones es peligroso y puede tener un efecto dominó negativo en esta relación a largo plazo. Si sigues molesta, probablemente termines confrontándola o tomando represalias, lo que sólo deteriorará el vínculo. Depende de ti decidir cómo quieres que sea esta relación en el futuro. Recuerda que si realmente se trata de un comportamiento pasivo-agresivo, la persona gana si logra hacerte perder el control y verte mal.

Esto no significa que no puedas hacer nada. Pero primero debes dejar de lado las conjeturas para abordar el tema de manera más directa. Puedes conversar con tu suegra clara y asertivamente: "¡El vestido que elegiste es TAN bonito! Pero me preocupa que sea tan lindo que me opaque el día de mi boda. ¿Tendrías otra opción? Aunque entiendo que quieras usarlo".

Puede que esto no impida que tu suegra use ese vestido, pero tiene más probabilidades de establecer una relación en la que puedas hablar directamente con ella sobre problemas futuros. Si ella tiende a ser pasivo-agresiva, saber que su comportamiento será discutido asertivamente sin lograr el resultado buscado, tenderá a disminuirlo en adelante.

Padres críticos el día de la boda

En la boda de una mujer, su nuevo esposo contó cómo se dio cuenta que ella le gustaba. Aunque ella es inteligente, acudió a él para hacerle una pregunta laboral. También dijo que ella puso su bota sobre el escritorio y le preguntó si le gustaban. La novia reconoce haberlo hecho, pero aclara que estaba en su propio escritorio, usando discretos botines con shorts, y su consulta sobre el calzado fue genuina, no coqueta, pues no estaba segura si le gustaban las botas puntiagudas estilo duende.

No se molestó en corregir la historia porque le pareció divertida, fuera exacta o no. Pero al día siguiente, su padre insinuó que era inapropiadamente promiscua y exigió detalles sobre su relación. Cuando ella le pidió a su esposo lidiar con su padre, éste le dijo "entre nos, no quiero que vaya a más, pero ella tenía problemas para sobrellevar el trabajo", sugiriendo una dinámica inadecuada cuando él la ayudaba laboralmente.

Al quejarse con su madre de que el padre inventaba cosas, ésta replicó que discutían porque eran iguales. Además, en la boda, el padre se burló de la madre usando el programa que los novios le dieron para saber cuándo pararse y entregarla. La novia se enojó con su madre por permitir que su padre la avergonzara. La madre se lamentó con una tía, victimizándose. Todo era un drama tras otro por nimiedades, con el padre esparciendo rumores y mentiras, y la madre culpando a la hija.

Asumiendo que esto no fue aislado sino un patrón, la novia probablemente esperaba que sus padres se comportaran diferente en su boda. El patrón parece ser un padre crítico, agresivo, demandante y una madre que lo apoya pasivo-agresivamente. Como resultado, ella enfrenta más que sólo conductas pasivo-agresivas.

El problema es que las reacciones de la novia permiten que esto continúe y la culpan (típico del estilo pasivo-agresivo) cada vez que se queja. Pero hay varias cosas que puede hacer:

1. Salir del patrón. Cambiar su forma de responder es crucial para no repetir dinámicas similares con su marido (e hijos). Ella afronta los conflictos con su padre indirectamente a través de otros, lo cual es otra forma de conducta pasivo-agresiva. Al manejar el comportamiento de su padre de modo diferente, también modifica sus propios patrones aprendidos.

2. Dejar de quejarse con su madre. No parece servir de nada, al contrario, la hace ver como culpable. También es una manera indirecta de abordar el conflicto. Si el problema es con el padre, debe dejar a la madre fuera.

3. No involucrar al esposo en problemas con su familia de origen. Pedirle que enfrente a su padre lo arrastra a ese modelo disfuncional y da al padre más

oportunidades de criticarla. Estos conflictos son de ella para resolverlos por sí misma.

4. Confrontar al padre directa y asertivamente. Ser asertiva implica mantener la calma, sin enojo, o él lo usará en su contra tildándola de irracional. Una confrontación asertiva es calmada, con palabras cuidadosamente elegidas enfocadas en lo que ella puede controlar y responsabilizándose con declaraciones en primera persona. Por ejemplo, cuando su padre insinuó promiscuidad y exigió detalles, ella pudo responder tranquilamente: "No voy a hablar de eso contigo". Probablemente él habría insistido: "¡Soy tu padre! ¡Me lo dirás!". Pero ella es adulta y puede alejarse repitiendo la aseveración asertiva: "No voy a discutir eso contigo".

5. Dejar de enojarse. Debe dejar de culparlos. La tientan a mostrarles esto para validar su percepción de la conducta de ellos, pero seguramente lo usarán en su contra. Ellos la controlan mediante su enojo y luego la culpan por eso. Tiene que reconocer que no va a cambiarlos, pero sí puede modificar su manera de reaccionar. Quizás no pueda controlarlos, pero sí puede controlarse a sí misma. Al dejar de esperar que actúen razonablemente y aprender a ignorar sus comportamientos, tendrá mayor dominio sobre su propia vida.

Es probable que esos padres sigan culpándola aunque ella responda asertivamente. Pero la diferencia es que mantiene el control sobre sí misma y no sigue el patrón disfuncional. Lo más importante es que su futuro tome la dirección que ella (y su esposo) elijan, en lugar de repetir ese ciclo familiar de culpar pasivo-agresivamente.

Parte II - Casos

Los siguientes son ejemplos de encuentros pasivo-agresivos que han experimentado pacientes que he atendido en mi consultorio. Ten en cuenta que las respuestas sugeridas no son consejos personales, ya que no se dispone de una evaluación completa de la situación. Por lo tanto, las sugerencias pueden no funcionar en todas las situaciones, pero sirven para darte una idea de posibles formas de responder.

Caso 1 - Puñalada por la espalda

El comportamiento de puñalada por la espalda a menudo usa técnicas como golpes bajos con información sensible o previamente confiada contra la persona, o comunicándose a través de otros pero con negación plausible. Estos individuos pueden incluso mostrar preocupación artificial para validar su comportamiento:

"Sabes que no quiero lastimarte, solo lo digo porque me preocupo por ti".

Imagina al compañero que casualmente señala los errores al jefe:

Compañero: Me preocupa Sally. Ayer debió estar distraída al enviar esos avisos a los clientes, los cálculos estaban mal y podrían causar problemas a la empresa. ¿Crees que está bien? Afortunadamente detecté el error a tiempo, así que no te preocupes.

El jefe confronta a Sally, quien intenta explicar que encontró el error en su revisión rutinaria y no había riesgo de enviarlo a clientes. Pero la percepción del jefe ya está sesgada por los comentarios aparentemente afectuosos y preocupados del compañero. Es una situación sin salida para Sally, ya que el compañero tiene intenciones maliciosas y una confrontación solo sería tergiversada para sus propios fines, como "Sally ha estado tan susceptible e irritable últimamente".

Desafortunadamente, este tipo de personas pueden ser bastante hábiles para influenciar a otros. En esta situación, Sally puede necesitar documentar claramente todo lo que hace para tener evidencia contra los comentarios del compañero. Dependiendo del caso, también podría sugerir al jefe que el compañero está demasiado enfocado en el trabajo de Sally.

Considera al compañero que sabotea deliberadamente tu trabajo:

Una paciente describió lo siguiente: Trabajo en un centro preescolar para niños con necesidades especiales y hago horas de círculo a diario. Cuando estaba enferma, le pedí a mi asistente que lo hiciera por mí y dijo que sí. Salgo al baño y al regresar, veo a la directora haciendo la hora del círculo. La compañera nunca menciona por qué no lo hizo. Además, ha borrado fotos usadas para documentar el aprendizaje y cuando se las devolví, las eliminó permanentemente y negó que hubiera sucedido.

La paciente da otros ejemplos, incluyendo el comportamiento hacia los niños con necesidades especiales, y afirma: Me siento culpable por delatarla, pero estoy a punto de dejar mi trabajo.

Es un desafortunado ejemplo de alguien que intenta crear problemas a los demás. En este caso, la paciente no podría confrontarla directamente (de hecho, parece que lo ha hecho) porque la asistente simplemente lo negaría. Sin embargo, la clave del problema es que la paciente dice: "Me siento culpable por delatarla, pero estoy a punto de dejar mi trabajo". Este sentimiento es lo que permite a la asistente salirse con la suya: puede contar con no tener que asumir la responsabilidad de su comportamiento. La paciente necesita enfrentar sus sentimientos irracionales de culpa y reconocer que la culpa es por hacer algo malo. Si reporta el comportamiento de la asistente, no solo no está haciendo nada malo, sino que está protegiendo a esos niños vulnerables de una persona mal intencionada.

Sospecho que la directora ya está al tanto de su comportamiento y quizás solo necesite documentación de respaldo para tomar medidas. Ya sea que deje su trabajo o no, la paciente debería proporcionar a la directora la información necesaria para proteger a los niños.

Ahora, esta situación sería más complicada si la asistente tuviera una relación especial o cercana con la directora. En ese tipo de caso, es posible que la paciente tenga que ser muy detallada en su documentación y deba pasar por encima de la directora si informarle no cambia la situación.

Estas situaciones de puñalada por la espalda son muy difíciles de manejar porque suelen involucrar al tipo malicioso de persona pasivo-agresiva. Es comprensible que la paciente quiera alejarse de esta persona. Sin embargo, es importante para ella ver si la situación puede remediarse, porque estoy seguro de que no será la única persona maliciosa con la que tendrá que lidiar en su vida. Así que necesita resolver sus propios sentimientos de culpa para poder manejar la situación.

Caso 2 - Echar La Culpa

El pasivo-agresivo experto en culpar puede reformular casi cualquier comentario para que parezca culpa del receptor. "¡Deberías haberlo sabido!" o "¡Eres demasiado sensible!" son métodos habituales para culpar a la víctima. A veces puede ser tan extremo que rozaría lo ridículo si no fuera tan hiriente; por ejemplo: "Sabes que soy un cascarrabias antes de cenar. No te habría gritado si no me hubieras hecho una pregunta". Esta persona desvía todos los intentos de comunicarse sobre los problemas culpando a la otra persona.

El marido que desvía los problemas contraatacando:

Esposa: Me preocupa cuánto gastas en tus viajes de pesca. ¿Podemos hablar de ello?

Esposo: ¡Tú sí que sabes hablar! Mira los registros de la tarjeta de crédito y comprueba cuánto gastaste en los grandes almacenes.

Esposa: Si te preocupa eso podemos hablarlo, pero ahora me gustaría hablar de estos gastos en tus viajes de pesca.

Esposo: ¡Siempre me das la lata con lo que gasto! Si no me dieras la lata todo el tiempo, no saldría tanto a pescar.

Esposa: ¡No te estoy regañando! Estoy intentando hablar de algo que me preocupa.

Esposo: ¿Ves? Siempre te preocupas por cualquier cosa.

Esposa: No creo que las cosas que me preocupan sean "pequeñas".

Como se ve en este ejemplo, aunque la mujer está intentando centrarse razonablemente en una preocupación, el marido sigue culpándola y desviando el tema de sus gastos hacia su mujer. Ha conseguido desviar la discusión para que la mujer se defienda, momento en el que él ha "ganado" porque ya no tiene que discutir su comportamiento de gasto.

Caso 3 – El Controlador

El comportamiento controlador trata de controlar al individuo de forma indirecta. Por ejemplo, un hombre que maltrata emocionalmente a su pareja le dice: "Nadie podría quererte como yo", con la intención de crear inseguridad en la mujer para que no le deje. Otro ejemplo son los padres que dicen a sus hijos adultos que deben respetarlos o quererlos porque son sus padres, intentando así controlar su comportamiento. El amor y el respeto es algo que ocurre debido a la relación subyacente, no debido a una demanda.

Un adolescente intentando controlar las respuestas emocionales de sus padres:

Madre: Date prisa. Vamos a llegar tarde al colegio.

La hija ignora la exigencia y, obviamente, ralentiza sus movimientos.

Madre: ¡Deja de irritarme! Tenemos que irnos pronto.

Hija: No voy a hacer nada.

Madre: Veo que vas más despacio cuando te digo que te des prisa.

Hija: Te lo estás imaginando. Lo único que quieres es gritarme.

Madre: ¡Estoy harta de ti! Eres una malcriada.

Hija (llorando): ¿Ves? ¡Todo lo que haces es gritarme e insultarme!

En este escenario, la hija tiene el control y ha hecho que su madre pierda el control. En lugar de intentar controlar a la hija (lo que, en última instancia, permite que la hija la controle a ella), la madre debería establecer consecuencias naturales o lógicas para el comportamiento y dejar que la hija tenga que asumirlas. Por ejemplo, algunas escuelas castigan a los niños que llegan tarde a clase, en cuyo caso la madre no tiene que hacer nada. De hecho, lo mejor en el caso de las consecuencias naturales es simplemente ignorar el comportamiento pasivo-agresivo del niño (ir más despacio) y dejar que se produzcan las consecuencias sin hacer ningún comentario. Ni siquiera un "te lo dije".

Caso 4 – La Negación

El tipo de negación del comportamiento pasivo-agresivo ocurre cuando el individuo parece estar angustiado, frustrado, aburrido, confundido o cualquier número de emociones, pero cuando se le pregunta se niega a admitir el sentimiento. Pueden negarlo rotundamente o pueden evitarlo ignorándolo, trabajando o desviándose con humor. Sin embargo, el comportamiento tiene el resultado de frustrar al receptor porque es incapaz de enfrentarse al problema y resolverlo. Así, este individuo es capaz de controlar al otro al no comprometerse en la resolución del conflicto cuando se ha producido un problema evidente.

La esposa que espera que su marido le lea la mente:

Marido: ¿Va todo bien?

Esposa: Por supuesto que todo va bien. ¿Por qué no iba a estarlo? (con tono sarcástico)

Marido (que no sabe interpretar el tono sarcástico): Vale, es que parecías callada. De todas formas, como te he dicho, esta noche salgo con los chicos.

Esposa (se marcha enfadada)

En este ejemplo, el marido sólo puede interpretar las palabras de la mujer. Ella está enfadada porque él no sabe que ella está disgustada porque él va a pasar la noche con los amigos. Sin embargo, ella dice que todo está "bien" y él no le da más vueltas. El problema con el comportamiento de la esposa es que muchos hombres no comprenden fácilmente el contenido emocional de un mensaje, especialmente cuando el contenido verbal es el opuesto. Esto crea una disonancia cognitiva (un conflicto emocional interno) que se resuelve centrándose en el contenido verbal e ignorando el contenido emocional opuesto. Esto no se hace deliberadamente, sino que es la forma en que el cerebro del hombre reacciona ante tal conflicto.

Por desgracia, muchas mujeres son lo contrario y se centran en el contenido emocional e ignoran el contenido verbal si ambos están en conflicto. Estas mujeres también esperan que los hombres en sus vidas hagan lo mismo y a menudo creen que él está ignorando deliberadamente sus "obvios" mensajes emocionales. Este tipo concreto de comportamiento pasivo-agresivo involuntario crea muchos problemas en las relaciones.

Caso 5 - La Culpa Como Herramienta De Control

Algunas personas utilizan la culpa, ya sea de forma directa o indirecta, para controlar a los demás. Pueden hacer comentarios como "No te preocupes por mí, estaré bien" seguido de un suspiro, o enumerar todos los esfuerzos que han hecho por ti antes de pedirte algo aparentemente insignificante. Veamos un ejemplo:

Un padre quiere que su hijo adulto visite más a menudo a su madre:

Hijo: Papá, llamo a mamá todos los días para saber cómo está.

Padre: Lo sé, pero se siente muy sola y le da mucha alegría cuando vas a verla.

Hijo: He estado muy ocupado últimamente.

Padre: Bueno, no sé cuánto tiempo más estará tu madre con nosotros.

En este caso, el hijo no puede ganar. Lo mejor es abordar las creencias subyacentes detrás del comportamiento culpabilizador. Solo te sentirás culpable si crees que "deberías" actuar de cierta manera. Si el hijo cree que no está siendo un buen hijo al no visitar más a su madre, es más probable que ceda ante estos comentarios. Pero si cree que está haciendo lo mejor que puede dadas sus circunstancias, no se sentirá culpable y podrá responder de forma asertiva:

Padre: Tu madre nunca lo diría, pero creo que siente que no te importa.

Hijo: Estoy haciendo lo mejor que puedo.

Padre: Lo sé, pero se siente muy sola y le da mucha alegría cuando vas a verla.

Hijo: Estoy haciendo lo mejor que puedo.

Padre: No sé cuánto tiempo más estará tu madre con nosotros.

Hijo: Estoy haciendo lo mejor que puedo.

Caso 6 - Negación Y Retención En La Pareja

Un paciente me comentó que tenía serios problemas con su esposa. Ella le decía que siempre estaba enojado, pero él sentía que sólo se enojaba con ella y sus acciones. La esposa negaba que su comportamiento fuera un problema en el matrimonio.

Algunos ejemplos que me dio:

1. Cada año le pedía ir a Las Vegas. Ella decía que le parecía sucio y no quería ir. Pero cuando él regresaba de Afganistán, ella se iba a Las Vegas con sus amigas. Cuando él se enojaba, ella lo hacía sentir estúpido y egoísta.

2. Cuando él volvía a casa, ella mencionaba lo agradable que era tener toda la cama para ella sola y estirarse.

3. En terapia, él expresó que ella pasaba demasiado tiempo con sus amigos. Una hora después de la sesión, ella le preguntó si podía salir con sus amigas.

4. Él le pidió que lo ayudara a limpiar la casa, pero ella no lo hizo. Luego le dijo que si no quería limpiar, contratara una asistenta. Tras 4 años, finalmente lo hizo.

5. Ella le preguntó qué quería para su cumpleaños. Él se lo dijo, pero un año después seguía esperando.

6. Lo más reciente era que ella le negaba intimidad.

Este comportamiento de la esposa indica serios problemas en la relación. Pero la pasivo-agresividad desvía la atención hacia el enojo del marido en lugar de abordar los verdaderos problemas maritales. Quejarse o enojarse no sirve, ya que la persona pasivo-agresiva "gana" el conflicto haciéndolo parecer irracional. Tampoco funciona decirle que lea sobre el tema, pues eso solo escala las tensiones.

Lo mejor es abordar cada situación cuando ocurre, pero apelando a emociones más profundas en lugar de ira. La ira solo valida la respuesta de la esposa de que él tiene un problema de ira. En el ejemplo de Las Vegas, en lugar de enojarse, él podría decir: "Tengo miedo de que ya no me quieras o me encuentres aburrido cuando prefieres ir a Las Vegas con tus amigos que conmigo". Esto evita la acusación de estar enojado y le da la oportunidad de responder algo distinto a "Siempre estás enojado".

Cuando él regresó del extranjero y ella mencionó lo agradable que era tener la cama para ella sola, él podría haber dicho: "Me decepciona que no parezcas feliz de compartir la cama conmigo nuevamente". Las afirmaciones en primera persona, que expresan una emoción seguida del comportamiento problemático, confrontan suavemente en lugar de asumir de inmediato que las suposiciones son correctas y enojarse. Quizás el comentario no era sobre él sino sobre la comodidad de la cama.

Lo ideal sería que la persona pasivo-agresiva reconociera su problema y buscara ser más directa sobre sus sentimientos y los problemas. Pero en el caso de la negación, es poco probable. Si él deja de responder con ira a su pasivo-agresividad, tal vez puedan enfocarse en los verdaderos problemas de su relación, especialmente porque ya están en terapia.

Caso 7 - El Compañero De Cuarto Crítico Del Novio

Una paciente me comentó que el compañero de cuarto de su novio criticaba negativamente todo lo que ella decía. Creía que era porque él pensaba que pasaban demasiado tiempo juntos y porque odiaba a las mujeres. Trataba de hacerla sentir incómoda para que dejara de ir, pero ella no iba a dejar de ver a su novio. Me preguntó cómo responder a sus comentarios pasivo-agresivos.

Este es un buen ejemplo no solo de comportamiento pasivo-agresivo, sino también de hacer suposiciones sobre las intenciones de otros. Es posible que la novia tenga razón en su percepción, pero con frecuencia nuestras suposiciones son erróneas. Quizá el compañero no odie a las mujeres sino que se sienta incómodo con ellas o no sepa cómo tratarlas.

Una técnica que puede desactivar el comportamiento pasivo-agresivo y revelar más sobre las intenciones de la persona es mostrar interés por sus comentarios. Con un tono inocente, no acusador, ella podría preguntar: "Oh, ¿qué te hace pensar eso?" o "¿Cómo crees que podría mejorar?". Si él está siendo realmente pasivo-agresivo, estas respuestas no defensivas lo descolocarán. Las personas pasivo-agresivas quieren molestar o escalar sin asumir la responsabilidad de su conducta. Este tipo de preguntas pone la responsabilidad sobre sus declaraciones de una manera no hostil. Si ella insiste suavemente cada vez, es probable que él deje de hacer comentarios si realmente es pasivo-agresivo, ya que no quieren dar explicaciones.

Pero si su comportamiento se debe a otra razón, indagar puede brindar más información. Tal vez ella logre entender mejor su intención y comentarios.

Caso 8 - La Suegra Y Los Problemas De Comunicación

Una paciente me contó sobre un incidente con su futura suegra durante un fin de semana de cacería. La suegra le había enviado un mensaje sobre el menú, así que ella sugirió que le preguntara a la novia del otro hijo, Sue, qué pensaba preparar. Mi paciente ya había hablado con Sue, quien quería cereales y sopa, algo fácil y barato. Como nunca le devolvieron la llamada, asumió que ese era el plan.

Cuando llegaron al campamento, los últimos en llegar, habían preparado grandes cacerolas y tostadas francesas para el desayuno. Al ver lo herida que estaba, el novio le dijo a su madre que necesitaban mejorar la comunicación sobre la planificación de las comidas. La suegra ni los miró y dijo "sabíamos que teníamos suficiente para todos". Luego mencionó que el padre no podía comer sopa. Mi paciente se preguntó por qué no se lo dijo al inicio de la semana. Empezó a llorar y se fue a la camioneta.

Al regresar a casa, le envió un mensaje a la suegra diciendo que sabía que no quería herir sus sentimientos al no devolverle la llamada sobre la planificación de las comidas, pero que por favor le avisara qué necesitaba llevar la próxima vez para estar preparada. La suegra le respondió con lo que debía traer, pero ni una palabra sobre herir sus sentimientos. Mi paciente, siendo muy directa y con una personalidad de líder, no sabía cómo manejar la respuesta de "sabíamos que teníamos suficiente para todos". Me pidió consejo sobre cómo abordar esto antes de casarse con su hijo.

Basándome solo en la información proporcionada, no está claro si la suegra es pasivo-agresiva o simplemente una mala comunicadora. En general, es mejor interpretar de la manera más benigna el comportamiento de alguien hasta que se demuestre lo contrario. Sin embargo, es posible que la nuera tenga más información además de este incidente para emitir sus juicios.

Si esto es realmente un comportamiento pasivo-agresivo, es importante recordar que las personas pasivo-agresivas solo pueden afectarnos en la medida en que les damos control. Cuanto más importante sea un resultado para nosotros, más oportunidades tienen de herirnos. Entonces, la pregunta aquí es: ¿por qué se hirieron los sentimientos de la nuera? Ella menciona que le gusta complacer a la gente, así que supongo que no pudo llevar a cabo su conducta complaciente (ser una buena nuera y contribuir al evento familiar) debido al comportamiento de la suegra o la mala comunicación.

Sin embargo, ese es un problema de la nuera, no de la suegra. Si no estuviera tratando de complacer a nadie, en lugar de sentirse herida podría haber respondido: "Oh, qué amable de tu parte encargarte de las comidas. Por favor, avísame la próxima vez cuál es el plan para que yo también pueda contribuir". Fíjate en la redacción. Realmente no importa si la suegra es pasivo-agresiva o simplemente una mala comunicadora. Esta respuesta confronta el comportamiento de manera suave pero pone la responsabilidad sobre la suegra para situaciones futuras. Esto es especialmente importante para una persona complaciente que tiende a asumir demasiada responsabilidad.

Confrontar con suavidad es importante por dos razones. Primero, si el comportamiento de la suegra se debe a una mala comunicación, no confundirá ni agravará la situación. Segundo, si la suegra es pasivo-agresiva, no reforzará su conducta recompensándola. Las personas pasivo-agresivas quieren atacar sin asumir la responsabilidad. Si la nuera confronta directamente el comportamiento, es probable que la suegra responda

"Eres demasiado sensible" o "Estás haciendo un gran problema de la nada".

Otro problema es que la nuera envió un mensaje para decir que estaba herida, en lugar de discutirlo cara a cara. Esto se está volviendo demasiado común con las nuevas tecnologías. Aunque la gente se comunica más, en mi opinión la calidad de la comunicación ha empeorado mucho.

El lenguaje no verbal es una parte importante de la comunicación, especialmente al hablar de emociones. Incluso en las mejores circunstancias es fácil malinterpretar las emociones, y los mensajes de texto no son ideales. No creo que sea una buena idea comunicar emociones por este medio. Con frecuencia, mis pacientes me han leído mensajes que, según ellos, eran críticos, exigentes o hirientes, pero al leérselos con otro tono, concordaban en que quizás tenían otro significado. Por muchos emojis que se usen, el tono de voz y otras expresiones no verbales nunca pueden transmitirse con exactitud en un mensaje.

La nuera esperaba que la suegra respondiera a sus sentimientos "textuales" de sentirse herida, pero no le pidió que abordara el tema. De hecho, la suegra respondió exactamente lo que ella le pidió: "Por favor envíame un mensaje con lo que necesito llevar". Pero la nuera está molesta porque la suegra no leyó su mente y supo que quería una respuesta a sus sentimientos heridos. A menos que haya más comunicación al respecto que desconozcamos, ¿cómo iba a saberlo la suegra?

Otro error de la nuera fue asumir que lo que había conversado con Sue era la decisión final. Nuevamente, hubo una falla en la comunicación. Era tan responsabilidad suya como de su suegra determinar cuál era el resultado final. Si mi suposición de que tiende a asumir demasiada responsabilidad es correcta, también es posible que espere que los demás asuman la misma responsabilidad que ella. Esta expectativa puede dar lugar fácilmente a suposiciones y malentendidos.

Finalmente, si la suegra realmente es pasivo-agresiva, lo mejor es expresar los sentimientos en el momento en que se hieren: "Me siento excluida porque no me dijiste que los planes de comida habían cambiado. Me avergüenza que no hayamos contribuido". Fíjate en que los motivos de las emociones son muy específicos, lo cual es fundamental para una comunicación clara. Expresar los sentimientos heridos clara y directamente probablemente disminuya la conducta pasivo-agresiva en el futuro, porque la persona sabe que será confrontada y tendrá que responsabilizarse de sus acciones.

Sé que en esta situación estoy señalando los problemas en la comunicación y las suposiciones de la nuera. Sin embargo, este es un punto crítico al lidiar con el comportamiento pasivo-agresivo. Primero, es importante asegurarse de estar interpretando el comportamiento con precisión y de que nuestra comunicación es asertiva. Una vez seguros de eso, la conducta pasivo-agresiva de los demás será más clara. Esta situación, tal como se describe, no está clara, lo que indica que la nuera necesita abordar sus propias respuestas antes de hacer suposiciones sobre la suegra.

Caso 9 - Los Hermanos No Ayudan Con El Padre Anciano

Una paciente, la cuarta de cinco hermanos, me contó sobre su lucha por cuidar a su padre de 93 años que vive solo. Ella conduce 200 millas cada fin de semana para ocuparse de muchas cosas por él. Ha intentado repetidamente involucrar a sus hermanos, pero la ignoran. Para ellos no es más difícil participar que para ella, pero una y otra vez simplemente no responden.

A menudo les envía correos electrónicos preguntando si visitarán en un día festivo o mencionando algún problema en la casa. Y aun así, no contestan. Ha estado haciendo esto durante al menos 10 años. Aunque los ve quizás una vez al año, nunca abordan este flagrante problema y, si ella lo saca a colación, se van de inmediato o actúan como si ella tuviera un gran problema emocional. Un amigo psicólogo calificó este comportamiento como pasivo-agresivo. Mi paciente me preguntó si esto es cierto, ya que no encontró nada que le pareciera acertado en la lista de comportamientos de mi sitio web. Está tratando de entender la conducta y encontrar herramientas para manejar todo de manera más efectiva.

Ciertamente, el aspecto de esta situación en el que los hermanos no abordan el problema directamente, sino que actúan como si ella tuviera un "gran problema emocional", es un comportamiento pasivo-agresivo (específicamente culpar). El propósito de esta conducta es desviar un problema que no quieren enfrentar. Al hacer que ella sea la "mala", no tienen que reconocer el problema ni su propio comportamiento. No tienen que decir "no me importa papá" o "no quiero ayudar". Obviamente, reconocer esas cosas los haría quedar mal, así que protegen su autoimagen haciendo que la hermana sea la "emocional" o la "loca".

Sin embargo, aquí hay otro problema: ¡mi paciente lleva 10 años haciendo esto! Es hora de que reconozca que sus hermanos no la van a ayudar. Parte de su estrés proviene de golpearse la cabeza contra el muro que han creado. Si acepta que no puede esperar su ayuda, podrá tomar otras decisiones. "Sabiendo que mis hermanos no me van a ayudar, ¿cuál es la mejor manera de manejar esta situación? ¿Cómo puedo cuidar de mí misma mientras cuido de papá? ¿Qué recursos existen para ayudar a un padre anciano?". También puede decidir qué tipo de relación quiere tener con sus hermanos reconociendo sus limitaciones y si puede aceptarlas o no. Pero no puede obligarlos a cambiar ni a preocuparse: ¡10 años lo demuestran!

Caso 10 - Críticas "Bienintencionadas" De Una Madre

Una madre le comenta a su hija, al verla vestida para ir a trabajar: "¿Sabes por qué Hillary Clinton siempre usa pantalones? Porque tiene esos tobillos, ¿entiendes? Es inteligente. (Pausa) Tú tampoco deberías usar faldas tan cortas. No puedes evitarlo si tienes la figura de tu abuela, pero deberías optar por faldas más largas para cubrir mejor tus piernas. Solo intento AYUDARTE, porque eres muy bonita, pero te verías aún mejor con vestidos más largos..."

Hija: ¿Estás insinuando que tengo tobillos feos, mamá?

Madre: ¡NO! ¿De dónde sacas eso? Solo estaba mencionando que tienes las piernas como las de tu abuela y no puedes evitar que estén un poco arqueadas...

Hija: ¡¡¡YO NO TENGO PIERNAS ARQUEADAS, MAMÁ!!! ¡¡Y TAMPOCO TENGO TOBILLOS FEOS!!

Madre: Nadie dijo que los tuvieras. ¿De dónde sacas esas ideas? Siempre exageras todo. Solo te decía que las faldas largas te quedan mejor.

Este es un clásico ejemplo de comportamiento pasivo-agresivo que muestra escalada, culpa y negación. El objetivo del comportamiento pasivo-agresivo es atacar sin asumir responsabilidad. De hecho, este ejemplo utiliza la frase tan común "solo intento ayudarte", que no solo niega responsabilidad sino que busca parecer benevolente, preparando a la hija para el ataque final de "estás exagerando". En otras palabras, el mensaje culpabilizador es "Todo lo que hago es intentar ayudarte y tú eres irracional".

Entonces, tenemos la secuencia de eventos que comienza con la crítica disfrazada de ayuda, la negación cuando se confronta la crítica, una escalada emocional por parte de la víctima del ataque y, finalmente, la culpabilización de la víctima. Este tipo de agresor Pasivo-Agresivo es muy hábil para evadir cualquier confrontación y culpar a la víctima.

Por lo tanto, es crucial que la hija mantenga la calma. En cuanto empiece a responder defensivamente a las críticas, la madre habrá logrado su objetivo de criticar sin asumir responsabilidad por herir sentimientos. Cuando la hija se altera, la madre puede culparla por el conflicto.

Además, la hija debe tener presente que no puede cambiar el comportamiento de su madre, pero sí tiene control sobre el propio. La única forma de que su madre no gane este conflicto es que la hija no se involucre emocionalmente. Sin embargo, eso no significa que no pueda expresar sus emociones. Solo implica que debe hacerlo de una manera en que la responsabilidad recaiga en su madre.

Por ejemplo:

Hija: Me duele que critiques mi forma de vestir.

Madre: Solo intento ayudarte.

Hija: Te estoy haciendo saber que la forma en que intentas ayudarme lastima mis sentimientos.

Madre: ¡Estás exagerando!

Hija: Puede que esté exagerando, pero te hago saber que me estás hiriendo. Así que si continúas, asumiré que esa es tu intención.

Si la madre persiste, la hija puede establecer una consecuencia. Por ejemplo, puede negarse calmadamente a seguir hablando del tema: "No voy a continuar esta conversación".

Si esto se hace con calma y consistentemente cada vez que la madre hace este tipo de comentarios, es probable que disminuyan porque se enfrenta a la madre de una manera que no le permite retractarse fácilmente luego de negar y culpar.

Observa que se están usando varias técnicas en esta respuesta. Una es ignorar la provocación y no alterarse emocionalmente. La segunda es usar la repetición como un disco rayado: "Me estás hiriendo". La tercera es concordar en lugar de discutir: "Puede que esté exagerando". Esta última técnica es especialmente útil cuando la persona Pasivo-Agresivoquiere iniciar una discusión y luego culpar a la víctima. Entonces, la técnica consiste en estar de acuerdo para no distraerse del punto clave: "Me estás hiriendo".

Por cierto, confrontar directamente el comportamiento diciéndole a la persona Pasivo-Agresivoque es Pasivo-Agresivosolo escalará el conflicto que la persona Pasivo-Agresivocasi siempre está segura de ganar. Es mejor adoptar un enfoque como el descrito anteriormente y ser consistente.

Caso 11 - Crítica "Bromista" De Un Compañero De Trabajo

Un colega ha mencionado en cinco ocasiones que nunca estoy en la oficina. Trabajo desde casa uno o dos días a la semana, al igual que otros. Sin embargo, parece querer recalcar que nunca me ve en la oficina. Siempre lo hace en tono de broma. Por ejemplo, yo le hacía un cumplido sobre su atuendo y él respondió: "Siempre me visto así. Lo sabrías si estuvieras aquí". No sé cómo responderle... ¡ayuda!

Este es un buen ejemplo de una forma pasivo-agresiva de hacer una crítica indirecta y provocar una postura defensiva en la otra persona. Sin embargo, el propósito del comportamiento pasivo-agresivo es generar una reacción sin asumir responsabilidad. Entonces, en este caso, si la mujer respondiera a la defensiva diciendo "Tengo permiso para trabajar desde casa", él sabría que logró su objetivo de provocar una reacción, pero negaría su responsabilidad afirmando algo como: "Sólo estaba bromeando". Si ella fuera más directa y le dijera "Deja de molestarme por trabajar desde casa", él la culparía de alguna manera: "¡Vaya! ¿No eres sensible? No quise decir nada con eso".

La mejor respuesta en esta situación es que ella no se ponga a la defensiva, como si ni siquiera hubiera notado la crítica subyacente. Por ejemplo, podría responder riéndose: "Sí, ¿no es genial que no tenga que estar aquí todos los días?". De este modo, su intento de irritar y provocar una reacción queda socavado. Como resultado, no logra su objetivo y es menos probable que continúe, especialmente si ella sigue respondiendo de la misma manera a sus comentarios pasivo-agresivos.

Caso 12 - Evitación Pasivo-Agresiva Del Esposo

Esposa: "Realmente necesito que nos mudemos de donde vivimos ahora".

Esposo: "No podemos costearlo".

Esposa: "Cierto, pero si encontraras un trabajo bien remunerado en la nueva ubicación, podríamos mejorar nuestros ingresos".

Esposo: "Bueno, empieza a buscar escuelas para los niños en la nueva localidad".

La esposa investiga y busca escuelas en la nueva ubicación, encuentra una escuela, programa a su hija para un examen de admisión, la lleva al examen, hace seguimiento con llamadas telefónicas, agenda una entrevista y lleva a su hija a la entrevista.

Esposa: "¿Cómo va tu búsqueda de empleo en la nueva localidad?".

Esposo: "Llamé a un lugar y no me han devuelto la llamada. ¿Qué has hecho tú con las escuelas para los niños?".

Esposa: "Creo que ya he hecho bastante por ahora, estoy esperando a ver qué pasa de tu lado".

Esposo: "¿Ves? No estás dispuesta a hacer nada para que la mudanza funcione, ¡así que yo tampoco voy a hacer nada más!".

Este es un ejemplo en donde probablemente no se trate de un comportamiento pasivo-agresivo malintencionado, sino que se deba a algún otro problema, por lo que puede ser una evitación de ese otro problema. Pero la evitación se percibe como pasivo-agresiva. En ese caso, puede ser importante intentar determinar cuál es el problema subyacente. Yo sugeriría que, de forma calmada, comprensiva y con apoyo, la esposa intente abordar el tema y averiguar cuál puede ser el problema. Por ejemplo: "Sé que puede ser un gran paso y que el cambio puede ser desafiante. Pero estoy aquí para apoyarte. ¿Hay algo que te impide dar el paso? ¿Te preocupa dar este paso? ¿Qué puedo hacer para ayudarte?". Con suerte, el esposo podrá compartir más sus preocupaciones si no se siente presionado, sino apoyado. Entonces ambos podrán tener una conversación centrada en resolver esas preocupaciones.

Aquí tienes otro ejemplo:

El esposo está sentado en el centro de la mesa, la esposa al final con el niño en su regazo.

Esposa: "Pásame la jarra, por favor".

Esposo: "Puedes tomarla tú misma si lo intentas".

En este caso, la esposa se dio cuenta de la inutilidad de continuar la discusión, le pidió al niño que se bajara de su regazo por un momento, se levantó, estiró la mano y tomó la jarra ella misma.

Más tarde, en un momento tranquilo,

Esposa: "¿Por qué no quisiste pasarme la jarra?".

Esposo: "Porque nunca haces nada por ti misma, sólo te sientas y esperas que los demás atiendan tus necesidades".

En realidad, esto se convirtió en una larga discusión sobre las necesidades de la esposa, etc. hasta que el esposo, muy sorprendentemente, llegó a la conclusión: "¿Quieres decir que si mejoro mi actitud las cosas irían mejor?". ¡WOW! Después de 21 años, quizás hayamos hecho algún progreso, gracias a Dios. Ahora todo lo que tenemos que hacer es que él realmente vea el progreso si mejora su actitud--obviamente, si él no ve ninguna mejora en la actitud de la esposa hacia él, será culpa de ella. Por lo tanto, la esposa va a tener que tomarse esto muy en serio y ser extra amable cuando él mejore.

La esposa tiene razón. Su esposo utiliza la culpa pasivo-agresiva para evitar cosas que le resultan desagradables o incómodas. Sin embargo, si él hace un mínimo progreso con su actitud, ella necesita recompensar ese progreso a través de su respuesta hacia él. La mejor manera de aumentar el comportamiento deseable es reforzarlo, no criticar el comportamiento indeseable. En esta situación, ya que han tenido lo que yo llamo "la charla", ella puede centrarse ahora en observar incluso pequeños incrementos de cambio y reforzarlos.

Caso 13 - Voluntaria Que Utiliza La Victimización Para Controlar

Tenemos una voluntaria que se comporta como si estuviera a cargo. Envía mensajes en nombre de la organización (de la cual en realidad no es miembro pleno). Si se le da la oportunidad, cambiará decisiones que se hayan tomado previamente. Se congracia con los miembros para que la defiendan. Incita al enojo y luego envía mensajes hirientes a ciertas personas de la organización. La gente se queja de ella y me preocupa que perdamos miembros valiosos si no podemos deshacernos de ella.

Frente a este caso se pueden hacer varias suposiciones: 1) la voluntaria se ha hecho amiga de personas en la organización que la protegen; 2) el enojo que provoca es entre el personal que dirige la organización, no entre los miembros; y 3) el escritor no tiene autoridad para despedirla. (Al escritor: si alguna de estas suposiciones es incorrecta, házmelo saber).

El comportamiento descrito parece ser un estilo de control pasivo-agresivo. La voluntaria es capaz de mantener su posición controlando las respuestas de los demás. El mejor punto de partida para controlar a esta voluntaria es no responder con enojo. Esto puede requerir cierta capacitación del personal para que todos puedan dar una respuesta consistente. El problema de enfrentar a la persona pasivo-agresiva con enojo es que ahora el personal está jugando su juego y ella ha ganado si puede correr "herida" hacia otros poderosos que luego asumen el papel de sus defensores.

En su lugar, es necesario que haya una sola persona a la que el personal pueda dirigirse y que pueda enfrentar directamente cada instancia de comportamiento inapropiado. Como ya he indicado en otras ocasiones, las personas pasivo-agresivas odian que se les confronte por su comportamiento. En este caso, esta voluntaria tiene la intención de lograr control de manera indirecta para poder negar que está haciendo algo malo y que, en cambio, ella es la víctima.

Sin embargo, confrontarla requiere un enfoque calmado y directo centrado en comportamientos específicos, no en intenciones generales. NO digas, por ejemplo, "Estás destruyendo esta organización" o "Estás creando problemas". Estas afirmaciones son acusaciones demasiado generales y ella se hará la víctima.

En su lugar, haz afirmaciones como "Enviar este mensaje sin autorización ha confundido a los miembros de la organización. Tienes que enviar una corrección indicando que actuaste sin autoridad". Observa que esta afirmación no sólo confronta sin acusaciones airadas, sino que también proporciona una consecuencia a su comportamiento. Si se niega, envía la corrección de todos modos (pero de forma directa, sin acusaciones). Al hacerlo, puedes permitir que quienes la defienden vean su comportamiento real en lugar de su auto victimización inculpatoria.

Caso 14 - Falta De Apoyo De Una Hermana

He tenido que trabajar en diferentes ubicaciones debido a un conflicto personal con mi jefe. Al comienzo de esta saga, le dije a mi hermana, que trabaja en la misma empresa: "Nunca volveré a trabajar para ese jefe". Bueno, después de un año de drama, parece que voy a regresar a esa ubicación. Siento que mi hermana está tratando de restregármelo en la cara. Dejó un largo mensaje telefónico sobre mi regreso y se lo contó a mi madre. Me irrita. ¿Qué puedo hacer?

Obviamente, no estamos al tanto del tono de los comentarios de la hermana, pero según la descripción del escritor podemos asumir que el tono es sarcástico o algo alegre, como "Supongo que vas a volver después de todo". En ese caso, se trataría de un ejemplo de comportamiento pasivo-agresivo de puñalada por la espalda, porque cuando la escritora necesita su apoyo, la hermana utiliza información sensible en su contra.

Este es un caso en el que lo mejor sería confrontar directamente el comportamiento pasivo-agresivo. Sin embargo, hay que hacerlo cuidando la redacción para que no sea acusatorio. Por ejemplo, podría decirle a la hermana: "Estoy segura de que no era tu intención, pero parece que te alegra que tenga que volver a una situación miserable". Este tipo de afirmación pone a la hermana en un aprieto porque, desde luego, no puede admitir que se alegra por ello (a menos que sea realmente malintencionada, lo cual es entonces una cuestión totalmente distinta), así que es más probable que responda con apoyo: "Oh, no, no quise decir eso. Sólo estoy preocupada por ti".

Algunas personas que lean esto podrían pensar que eso no es una verdadera muestra de apoyo. Sin embargo, lo es, porque si confrontamos el comportamiento de alguien y se preocupa lo suficiente como para cambiar, entonces es significativo. En este caso, no sabemos por qué la hermana actuó así, pero si se le da el beneficio de la duda, quizás la relación pueda mejorar. Lo importante de confrontar como se sugiere es que ayuda a la escritora a determinar si el comportamiento es malicioso o no (basándose en la respuesta de la hermana). Si es malintencionado y tiene la intención de herir deliberadamente, puede que la escritora tenga que replantearse la relación con su hermana.

Caso 15 - Críticas De Una Abuela A Su Nieto

Mi madre critica a mi hijo de 10 años por su cabello, su ropa, las actividades que le gustan, lo que sea. Es un buen chico, le va bien en la escuela y creo que debería poder tomar sus propias decisiones sobre estas cosas. Veo que mi hijo se siente herido por estas críticas. Cuando intento decirle a mi madre que pare, ella y mi hermana dicen: "Es un niño y tiene que endurecerse. Tiene que saber aguantar las burlas. Lo estás sobreprotegiendo". ¿Tienen razón? ¿Cómo logro que deje de hacerlo?

Este es un caso en el que se utiliza una justificación pasivo-agresiva para las críticas de la abuela. El tipo de comportamiento pasivo-agresivo empleado aquí es una combinación de negación y culpa. Esta madre probablemente ha sido objeto de este comportamiento pasivo-agresivo toda su vida, como lo demuestra su pregunta de auto-duda: "¿Tienen razón?". Este tipo de comportamiento pasivo-agresivo a menudo hace que el receptor cuestione su propia perspectiva, porque la persona pasivo-agresiva suele ser muy insistente en que su punto de vista es el correcto.

Esta situación es potencialmente dañina para el niño. Es importante que el niño entienda que su madre lo protegerá y que no tiene que tolerar pasivamente el comportamiento inaceptable de los demás. Por lo tanto, la madre tiene que tomar medidas más enérgicas que simplemente intentar decirle a su madre que pare. Tiene que ignorar la negación y la culpa de la madre y establecer consecuencias. Puede que no tenga control sobre el comportamiento de su madre, pero sí lo tiene sobre sí misma y sobre sus decisiones con respecto a su hijo.

Lo que puede hacer es exigir en lugar de pedir: "Deja de criticar a mi hijo". Está bien hacer esto en presencia de su hijo para que sepa que el comportamiento de su abuela no es apropiado y que él no es malo ni está equivocado. Cuando la abuela responda con sus habituales frases de megáfono, la madre debe decirle: "Esta crítica no es aceptable. Si no paras, nos iremos". No debe entrar en discusiones al respecto. Los dos únicos resultados aceptables son que la abuela pare o que ella y su hijo se vayan.

Esto puede afectar o no el comportamiento de la abuela, pero protege al hijo. Sin embargo, he visto numerosos casos en los que el comportamiento de la abuela acabó cambiando, siempre y cuando la hija siguiera poniendo los límites.

Caso 16 - ¿Es Pasivo-Agresiva O Simplemente Extrovertida?

A menudo, los introvertidos pueden sentirse a la defensiva al interactuar con colegas extrovertidos en el trabajo. Esto se debe a que los comentarios y bromas de los extrovertidos pueden ser percibidos como ataques o menosprecio, aunque no sea su intención.

Recuerdo el caso de una paciente que me planteó una situación similar. Durante una reunión con su jefe, ella mencionó lo mucho que disfrutaba colaborar con otros. Su compañera, en tono jocoso, exclamó: "¡Claro que sí! ¡Te encanta colaborar!". Mi paciente sonrió, pero se quedó pensando en el significado detrás de ese comentario.

En otra ocasión, mientras compartía sus esfuerzos por superar su timidez, su colega se rió y dijo: "¿Estás bromeando? Siempre te veo hablando con gente al azar durante todo el día". Mi paciente intentó explicar que, si bien se esforzaba por ser más sociable, principalmente interactuaba con personas con las que trabajaba en proyectos.

Estas situaciones la hacían sentir a la defensiva, como si tuviera que justificar quién era. Parte de ella quería sugerirle a su compañera que buscara ayuda para abordar las causas de su aparente comportamiento pasivo-agresivo, pero temía que esto revelara su propia irritación y vulnerabilidad.

En casos como este, es crucial distinguir entre un verdadero comportamiento pasivo-agresivo y una personalidad extrovertida. Los extrovertidos pueden hacer comentarios que los introvertidos perciben como ataques, aunque no sean malintencionados. Acusar directamente a alguien de ser pasivo-agresivo sin fundamento podría resultar contraproducente.

La clave está en desarrollar respuestas que funcionen tanto si la persona está siendo pasivo-agresiva como si simplemente es extrovertida. Si se trata de un comportamiento pasivo-agresivo, responder sin mostrar irritación puede disminuir dicha conducta, ya que el objetivo suele ser provocar una reacción sin asumir responsabilidad. Si se trata de extroversión, tus respuestas sonarán como una conversación normal, aunque quizás el comportamiento no cambie.

En el ejemplo de mi paciente, sonreír ante el primer comentario fue una buena reacción. Pero en el segundo caso, sugeriría una respuesta menos defensiva, como: "Bueno, si a ti te lo parece, ¡mis esfuerzos por ser más sociable están dando resultado!". Este enfoque desenfadado funciona en ambos escenarios.

Si las estrategias usadas no reducen el comportamiento y la persona tiende a exagerar, es probable que se trate de extroversión. Sin embargo, se necesitaría más información para estar seguro. A menudo, veo confusión y conflicto entre extrovertidos e introvertidos debido a sus diferentes formas de ver el mundo, sin que una sea más válida que la otra. Yo mismo aprendí esto al interactuar con mi esposo, un extrovertido extremo. Al principio, pensaba que no le importaba avergonzarme, pero con el tiempo comprendí que simplemente percibimos las situaciones de manera distinta.

Caso 17 - ¿Pasivo-Agresivo O Simplemente Agresivo?

Una hija adulta y enojada, que ahora vive en casa, decidió ignorar el Día de la Madre. Su madre no dijo nada al respecto. Pero cuando la hija tampoco reconoció el Día del Padre, la madre le envió un mensaje preguntando si era consciente de la fecha y si su comportamiento era pasivo-agresivo. La respuesta de la hija fue contundente: "Sí, y no es pasivo".

Este caso plantea varias preguntas interesantes:

1) ¿Cuál es la diferencia entre la comunicación pasivo-agresiva y la agresiva?

2) ¿Puede ser apropiada a veces la comunicación pasivo-agresiva?

3) ¿Cómo responder a este tipo de comunicación?

1) Diferencia entre pasivo-agresivo y agresivo

Aunque la hija dijo que ignorar el Día del Padre era una comunicación agresiva o asertiva (al decir que no era pasiva), no estoy de acuerdo. La comunicación pasivo-agresiva es indirecta y está cargada de ira. En otras palabras, si el receptor del mensaje tiene que adivinar las intenciones del emisor, probablemente sea comunicación pasivo-agresiva. La comunicación pasiva implica no comunicar en absoluto, así que el receptor ni siquiera sabe que hay un mensaje. En cambio, la comunicación agresiva es directa y confrontacional: "¡Te ODIO! No quiero celebrar el Día del Padre". La comunicación asertiva también es directa, pero de manera más educada: "Creo que el Día del Padre es una festividad inventada para vender tarjetas y corbatas" o "Estoy enojada por cómo me tratas y no quiero celebrar el Día del Padre".

2) ¿Puede ser apropiada la comunicación pasivo-agresiva?

No conozco los detalles de esta familia. Pero siempre aconsejo a mis clientes que cualquier forma de comunicación puede ser apropiada según el objetivo. Por ejemplo, la comunicación agresiva puede ser adecuada si no se quiere mantener una relación y sólo se busca desahogarse. Pero si la relación es importante, quizás sea necesario expresar la ira de manera más asertiva. La comunicación pasivo-agresiva puede ser apropiada cuando a alguien no le importa la relación, pero tampoco siente que otra expresión de enojo sea segura (ya sea por la reacción del receptor o por su propia incapacidad para contenerla).

3) ¿Cómo puede responder esta madre?

Primero, recomendaría evitar confrontar un comportamiento sospechoso de pasivo-agresividad por mensaje de texto. Entiendo que a veces parece la única forma de comunicarse. Sin embargo, enviar un mensaje en esta situación es en sí mismo una comunicación pasivo-agresiva, ya que no aborda el problema cara a cara. Además, preguntar a alguien si su comportamiento es pasivo-agresivo también lo es, porque es una forma indirecta de culpar o expresar enojo. Dado que se trata de una "hija enojada", sería mucho mejor que la madre modelara un comportamiento asertivo apropiado: "Me ha dolido que no quisieras celebrar el Día del Padre con nosotros. ¿Hay algún problema? Hablemos de ello". Una respuesta así tiene más probabilidades de conducir a una discusión sobre el verdadero problema. Y si no lo hace, al menos la madre habrá modelado una buena respuesta al comportamiento pasivo-agresivo.

Caso 18 - Afrontar un insulto pasivo-agresivo

Imagina la siguiente situación: el cuñado de una madre con sobrepeso que está amamantando a su bebé le dice: "Sabes que no debes comer antes de acostarte, ¿verdad?", mientras ella come un bocadillo. Lo dice con una risita y es la primera vez que se queda en su casa, ni siquiera se conocen bien.

Puede que sea un hombre despistado, el último en enterarse de que un hombre nunca debe comentar sobre el peso de una mujer, ni directa ni indirectamente. Pero supongamos que es consciente de ello, lo que significa que es un insulto pasivo-agresivo. Probablemente él no estaría de acuerdo y diría: "Sólo intentaba dar información útil". Pero cualquier mujer con sobrepeso sabe que es un comentario sobre su peso. Si la cuñada tuviera un peso promedio, él no habría hecho tal afirmación. Por lo tanto, la única razón para hacer este comentario es indicar que la cuñada necesita vigilar sus hábitos alimenticios y perder peso.

Esta es una táctica común en el comportamiento pasivo-agresivo cuando una persona no tiene el valor de decir lo que piensa porque SABE que sería grosero y probablemente la otra persona se enojaría. En su lugar, lo disfrazan de consejo para que, si se les confronta, puedan negar sus verdaderas intenciones. Este cuñado incluso añadió una risita para darse otra salida: "Sólo estaba bromeando".

La cuestión es cómo responder a este comportamiento. En este caso, creo que un enfoque más directo sería apropiado:

Cuñada: "¿Estás intentando insultarme?".

Cuñado: "No... sólo trataba de ser útil".

Cuñada: "¿Realmente crees que a las mujeres les resulta útil que comentes sobre sus hábitos alimenticios?".

Lo más probable es que él murmure algo y se eche atrás. Tampoco es probable que vuelva a cometer un error similar. Sin embargo, hay otras formas de enfrentarlo si la cuñada no se siente cómoda con un enfoque tan directo:

Cuñada: "¿Por qué me dices esto?". Esta afirmación lo pone en un aprieto porque entonces tiene que referirse al peso como su verdadera intención, algo que no quiere hacer. Como ya he mencionado antes, las personas pasivo-agresivas no quieren ser directas porque entonces tienen que responsabilizarse de lo que dicen.

Cuñado: "...uh...comer antes de acostarse causa aumento de peso".

Esto permite a la cuñada confrontar su verdadera intención:

Cuñada: "¿Así que estás comentando sobre mi peso y mis hábitos alimenticios?" o "¿Así que me estás diciendo que estoy gorda?".

Obviamente, hay muchos enfoques para esta cuestión dependiendo de la personalidad del individuo y del tipo de relación. Sin embargo, el objetivo principal es hacer saber a la persona pasivo-agresiva que será confrontada cuando utilice insultos de este tipo. Como normalmente intentan evitar el conflicto directo, es probable que este enfoque reduzca el comportamiento.

En esta situación, dado que no se conocen muy bien, ella le informa desde el principio de la relación que no tolerará el comportamiento pasivo-agresivo.

Caso 19 – La Madre Acusadora

Vivir con una madre acusadora puede ser una situación muy comprometida debido a un patrón de comportamiento bastante hiriente y frustrante. En este caso, abordaremos algunas cuestiones generales a tener en cuenta y formas específicas de manejar diferentes situaciones que se presentan en esta dinámica familiar.

Tomemos el ejemplo de una pareja cuya madre se está quedando con ellos. La madre muestra un comportamiento clásico de pasivo-agresividad del tipo culpar y hacer sentir culpable. Ella culpa a su hijo por no decirle a su pareja que sus planes habían cambiado en los últimos treinta minutos y que ahora quería ser incluida en la cena. Sin embargo, ella no le dijo a su hijo que ahora quería cenar, sólo que se iba más tarde. Y a la pareja de su hijo, que era quien estaba cocinando, no le dijo nada. Le ofrecieron compartir lo que tenían, pero ella montó un escándalo mientras se preparaba un bocadillo, diciendo: "¡Supongo que no quieren compartir!". Durante la siguiente hora, suspiraba de vez en cuando y se decía a sí misma: "No les habría costado MUCHO esfuerzo a los dos estirar la comida" y "Tienen que empezar a pasarse mensajes".

Además, a la madre le molesta que no se haya puesto el lavavajillas durante la noche. Se queja a su hijo lo suficientemente alto como para que su pareja pueda oírla: "Sé que no le importa mantener la casa ordenada, pero ¿cómo es posible que alguien NO ponga el lavavajillas? ¿Por qué no lo haría?". Cuando su hijo intenta abordar el tema diciendo: "Es un poco injusto que hagas estas afirmaciones generales. Sé que se preocupa y debe haber tenido una razón", la madre responde: "¡Por qué demonios no lo harías! Es de sentido común". De hecho, la pareja no lo había puesto en marcha porque la madre se había quejado a menudo de que lo ponía en marcha cuando no estaba totalmente lleno e incluso había destapado la fila superior para demostrar que se podía meter un vaso más dentro. Esta vez el lavavajillas tenía cinco o seis huecos.

Cuando el hijo intenta explicarle: "Me gustaría que pensaras en no hacer afirmaciones generales. Eso molesta a la gente", la madre reacciona de manera defensiva y exagerada: "¡No se me permite pensar nada! Tengo que callarme y guardarme mis pensamientos. Quieres que me vaya. Dejas totalmente claro que ¡ODIAS tenerme aquí!". A pesar de que su hijo intenta aclarar: "Nos gusta tenerte aquí. Sólo quiero que sepas que la gente se siente herida si...", la madre lo interrumpe: "¡No se me permite decir nada!", da un portazo y se enfurruña en la habitación. La dejan sola y vuelve dos horas más tarde para gritarle a su hijo que es un (improperio) odioso. Da un portazo en la sala de estar y continúa enfurruñada.

Es importante entender cuál es la recompensa de este comportamiento para ayudar a determinar una respuesta apropiada. La pareja necesita determinar cómo se recompensa el comportamiento pasivo-agresivo de la madre y dejar de recompensarlo. Una forma obvia en que este comportamiento podría ser recompensado es que la madre consiga lo que quiere. Esto parece ser así cuando la persona que escribe describe cómo tiene que enfocar una tarea tan sencilla como cargar el lavavajillas. En lugar de simplemente lavar los platos, piensa en cómo podría reaccionar la madre. El hecho de que tenga en cuenta la posible reacción de la madre indica que probablemente la está recompensando por su comportamiento al permitirle salirse con la suya. Para abordar este tipo de recompensa, la pareja tiene que determinar cómo haría las cosas si no tuviera en cuenta la posible reacción de la madre y luego hacerlo de esa manera. Andar con pies de plomo no va a evitar los conflictos. De hecho, al temer siempre la posible reacción de la madre y ceder ante ella, la pareja está recompensando el comportamiento pasivo-agresivo, lo que probablemente lo aumentará en lugar de disminuirlo.

Otra forma de recompensar a la madre es a través de la escalada del conflicto. Aunque el conflicto puede no parecer gratificante para una persona emocionalmente sana, puede ser una liberación de emociones, así como un refuerzo artificial de la autoestima para la madre. Esta madre puede presentarse como una mártir ante los demás y obtener una atención positiva que le permita sentirse mejor consigo misma. Además, si hay emociones negativas que no está afrontando, como dolor o pérdida en su vida, escalar el conflicto puede permitirle liberarlas. Ciertamente, no se trata de una liberación saludable de las emociones, ya que las desplaza hacia la otra persona, pero sigue siendo gratificante para su sistema. En otras palabras, ella se siente mejor después de la liberación, mientras que la pareja se siente peor. Un ejemplo clásico de desplazamiento de emociones es cuando un hombre es gritado por su jefe, llega a casa y le grita a su esposa, ella le grita a su hijo y éste patea al perro.

Como ya se ha mencionado, la persona pasivo-agresiva intensifica el conflicto de tal manera que puede culpar a la otra persona. De este modo, puede negar su responsabilidad y verse a sí misma como la víctima en lugar de como la agresora. Este tipo de enfoque les permite sentirse justificados en su comportamiento. Al no comprometerse de una manera que permita la escalada, la pareja obliga a la madre a tener que lidiar con sus propias emociones en lugar de desplazarlas.

Cuando la nuera le pide amablemente a la madre que no entre a su oficina cada hora para recoger tazas, explicando que ella misma lo hará al terminar su trabajo, la madre insiste en hacerlo de todos modos. Al ser confrontada directamente por su hijo, quien expresa sentirse mal y distraído por su comportamiento, la madre responde con sarcasmo, insinuando que a ellos no les importa vivir en una casa sucia. Para lograr que la madre deje de limpiar compulsivamente, puede ser necesario ser más directo. Decirle que su comportamiento los hace sentir mal no tiene impacto en ella. Frases como "No me gusta que entres aquí" son demasiado indirectas. Hay que ser más firme y repetir "Estoy trabajando, no entres" cada vez que lo haga, cerrando la puerta si es necesario.

La madre, quien se enorgullece de haber sido una excelente ama de casa, critica y señala los defectos en la forma en que la pareja hace las cosas, afirmando que lo hacen así por falta de interés o por pereza. Insiste en que su manera es la única correcta y no entiende por qué alguien haría las cosas de otro modo. A pesar de esto, niega imponer su forma de hacer las cosas, aunque la distribución de las habitaciones y la mayoría de los aspectos del hogar están organizados según sus preferencias. Cuando regresa de vacaciones, pasa la siguiente semana señalando tareas que supuestamente se saltaron o hicieron mal, como no cortar el césped o no comprar un salero nuevo, a pesar de que el actual está casi lleno.

Lo que sabemos de esta madre es que su autoconcepto está ligado a ser una buena madre, lo que para ella significa enseñar a sus hijos a comportarse de la manera "correcta". Sin embargo, ya no desempeña ese rol porque sus hijos son adultos. No sabe cómo demostrar su cariño de otra forma que no sea diciéndoles qué hacer. La pareja no debe recompensar su comportamiento cediendo a sus demandas, pero pueden enseñarle otras formas de sentirse útil e importante en lugar de sentirse desplazada. Es probable que esta madre no crea que está siendo mala, ya que eso iría en contra de su autoconcepto de buena madre. Es posible que realmente crea que intenta ser útil y que los demás simplemente no la aprecian.

Sin embargo, esto nos da información valiosa para modificar su comportamiento. Como mencioné antes, cuando hace o dice algo que a ellos les agrada, pueden recompensarla con comentarios positivos, pedir su consejo o hablar bien de ella frente a otros. No obstante, es importante combinar esto con el establecimiento asertivo de límites cuando su comportamiento es inapropiado, para evitar reforzar sus críticas excesivas. El objetivo es recompensar las conductas deseables y desalentar las indeseables. Con el tiempo, aprenderá subconscientemente que puede lograr más siendo amable que crítica.

Aunque no se garantiza un cambio total en su comportamiento, he visto que este enfoque suele funcionar con personas cuya autoestima depende de factores externos. Para más información, te sugiero leer sobre los pilares del autoconcepto: autoestima y autoeficacia. Vivir con una madre acusadora es un desafío, pero con paciencia, asertividad y comprensión, es posible mejorar la dinámica familiar y establecer límites saludables.

Caso 20 - El Niño Mantiene A La Familia Como Rehén Emocional

Una madre me consultó sobre una situación difícil con su hija. La niña quería una cobaya para Navidad y amenazó con quedarse en su habitación todo el día y arruinarles el día a los demás si no se la regalaban. La madre dudaba en complacerla, ya que en abril le había regalado un hámster con todos los accesorios por su cumpleaños, pero la niña decidió que ya no quería cuidarlo y lo abandonó afuera apenas 8 semanas después.

Este es un claro ejemplo de un comportamiento pasivo-agresivo en desarrollo. Si la madre cede ante este chantaje emocional, la hija aprenderá que esta conducta es efectiva para conseguir lo que quiere. Esto crea una dinámica problemática en la relación madre-hija, que podría llevar a la hija a buscar una vía de escape en la adolescencia. Pero el problema va más allá de su relación: la niña está aprendiendo que el comportamiento pasivo-agresivo es la forma de manejar todas sus relaciones futuras.

Además, dado que esta conducta está relacionada con el cuidado de animales, la hija está aprendiendo que las mascotas son desechables según sus caprichos emocionales. La madre debe considerar qué lecciones necesita aprender su hija. Puede parecer más fácil ceder para obtener una buena conducta temporal, pero esto perjudica el futuro de la niña, ya que lo que aprenda ahora definirá su comportamiento como adulta. Los niños no cambian mágicamente al crecer; se convierten en lo que se les enseña.

La madre debe mantenerse firme y enseñarle que ese comportamiento es inaceptable. No debe discutir, explicar ni interactuar con ella más allá de decirle: "No, no estás lista para tener una mascota". Si la hija quiere quedarse en su habitación todo el día, que lo haga. Y si sale intentando hacer que todos se sientan miserables, hay que devolverla a su cuarto. No puede arruinarles el día a menos que se lo permitan. El resto de la familia debe enfocarse en disfrutar la Navidad sin ella e incluirla solo cuando decida comportarse bien. Puede que no sean unas fiestas agradables, pero ¿no es más importante la lección para su futuro que cualquier día del presente? La responsabilidad de los padres es enseñar a los hijos conductas adecuadas para su futuro, no asegurarse de que estén siempre felices en el presente, incluso en Navidad.

Bajo ninguna circunstancia se le debe dar otra mascota hasta que aprenda a tratar mejor a las personas y comprenda el valor de otros seres vivos. Tomar a las personas como rehenes emocionales y abandonar animales para que mueran no es aceptable. La única forma de enseñarle estas lecciones es estableciendo límites y consecuencias para su comportamiento. Explicar, razonar o discutir no funciona en estos casos. La consecuencia de no cuidar una mascota es que no está lista para tener otra. La consecuencia de intentar hacer que todos se sientan mal para conseguir lo que quiere es que puede sentirse miserable sola en su habitación.

Caso 21 - Se Sale Con La Suya A Costa De Algo

Un paciente me contó su experiencia como el menor de cinco hermanos. A lo largo de su vida, utilizó berrinches para conseguir lo que quería: bicicletas, motos, coches. Aunque lograba su objetivo, su familia lo ridiculizaba en las reuniones festivas, diciendo "¡Siempre consigue lo que quiere!". Sus padres cedían, pero luego lo hacían pagar emocionalmente por ello. Él se preguntaba por qué sus padres accedían en primer lugar para luego castigarlo emocionalmente.

Este ejemplo muestra la otra cara de la moneda del caso anterior, "El niño tiene a la familia como rehén emocional", desde la perspectiva del niño. A menudo, cuando los niños se salen con la suya en una familia pasivo-agresiva, es a costa de algo. Así, los padres pueden evadir su responsabilidad y culpar a los hijos. Pueden creer que están siendo buenos padres mientras el niño se comporta mal, sin darse cuenta de que si un niño siempre consigue lo que quiere, es porque ellos no son padres efectivos. El trabajo de un padre es enseñar al niño a comportarse en un mundo adulto.

El mundo adulto no le dará a este joven todo lo que quiere solo porque tiene una sonrisa encantadora o hace berrinches. De hecho, es probable que este hombre ahora esté discapacitado en el mundo adulto. Puede que no sepa cómo interactuar adecuadamente para lograr sus metas, a menos que haya tomado conciencia de las fallas en las lecciones de su infancia y haya hecho un esfuerzo consciente por cambiar. Los padres que consienten a los niños los convierten en adultos desagradables que tienen problemas para relacionarse y trabajar con otros.

Cuando mi hijo era pequeño, le decía "no" solo para practicar. Mi práctica y la suya. Los padres evitan decir "no" porque no se sienten bien. Quieren que sus hijos sean felices y tengan lo que desean. Pero ser un buen padre implica poner límites. Por eso, practicaba decir "no" en cosas pequeñas para poder hacerlo en las grandes. Esto también le dio a mi hijo la oportunidad de aprender a aceptar un "no". De hecho, a los 17 años me dijo: "Mamá, me alegra que no me hayas malcriado. Mis amigos que tienen todo lo que quieren son difíciles de tratar".

La lección de hoy es que pongas límites y digas "no" a tus hijos. Aunque un niño haciendo berrinches puede ser desagradable, es peor que se convierta en un adulto malcriado.

Caso 22 - "¡Ya Lo Hago Yo, Como SIEMPRE!"

Un esposo me consultó sobre una situación recurrente con su esposa. Cuando él no responde a su pedido con la rapidez que ella espera, ella suspira y dice: "¡Ya me ocuparé yo, como hago SIEMPRE!". Esto lo irrita mucho, ya que su intención era hacer lo que ella quería, pero en lugar de eso, lo critica por no responder a su ritmo. Me preguntó cómo manejar esto sin entrar en una gran discusión.

Esta afirmación aparentemente simple es difícil de responder porque es una trampa pasivo-agresiva. Normalmente, el objetivo es que la persona pueda explayarse sobre su martirio. Si no estás de acuerdo, le das la oportunidad de expresar que nadie la valora ni aprecia todo lo que hace. Si la ignoras, le permites seguir sintiéndose una mártir y quejarse de cómo se encarga de todo. Si intentas confrontarla por su comportamiento, llora porque la critican solo por ayudar. La palabra "siempre" en su frase es una trampa, porque te invita a argumentar que está siendo demasiado dura en sus críticas, lo que probablemente le permite ignorarte y volver a su papel de mártir: "¡Parece que tengo que hacerlo todo yo!". Es una trampa casi perfecta.

Como he mencionado antes, lo principal al enfrentar un comportamiento pasivo-agresivo es no recompensar a la otra persona respondiendo de una forma que logre sus objetivos. Cuanto menos se recompense una conducta, menos probable es que continúe. En este caso, cualquier respuesta que le permita sentirse una mártir será gratificante para ella. Por lo tanto, debes evaluar su posible reacción a tu respuesta y encontrar una que no sea gratificante.

Una posibilidad es enfocarte en tus sentimientos. Esto le dificulta centrarse en sus sentimientos de martirio.

Tú (con mucha calma): Me duele que pienses que no iba a hacerlo.

Ella (negando): No me refería a eso.

Tú: Quiero ayudarte y me lastima que creas que no lo haré.

Ella: Bueno, te lo pedí hace una hora y no está hecho.

Tú (repitiendo lo que sientes, como un disco rayado): Mi intención era ayudar y me hiere que pienses que no iba a hacerlo.

Ella: ¡Pero necesitaba que lo hicieras de inmediato!

Tú: No lo sabía y me duele que creas que no te voy a ayudar.

En este escenario, ella se pone a la defensiva, lo que significa que no puede mantener su papel de mártir. Como resultado, este tipo de confrontación puede ser más eficaz para reducir este comportamiento en el futuro.

Caso 23 - Insultado Por Las Notas De Agradecimiento Como Regalo

Una paciente me contó que, cuando se graduó de la universidad, su tía le regaló una caja de tarjetas de agradecimiento junto con una generosa cantidad de dinero en efectivo. Ella sintió que las notas eran un insulto pasivo-agresivo que insinuaba que no tenía buenos modales. Me preguntó cómo responder a esto.

Este es un buen ejemplo para mostrar por qué es importante no reaccionar a todos los comportamientos que parecen pasivo-agresivos. A veces, aunque creas que una conducta es pasivo-agresiva, puede que no lo sea. Además, en ocasiones, la mejor respuesta es la misma independientemente de si el comportamiento es pasivo-agresivo o no.

Analicemos esta situación más a fondo. Primero, ¿son todos los regalos de tarjetas de agradecimiento insultos o mensajes pasivo-agresivos? No, depende del contexto. Por ejemplo, asistí al 50 aniversario de una amiga que pertenece a un convento y noté que recibió muchos obsequios de tarjetas de agradecimiento. No creo que las otras monjas estuvieran siendo pasivo-agresivas. Pienso que encontraron tarjetas bonitas que creyeron que ella podría usar para regalos y otros agradecimientos. Por lo tanto, es posible que si una persona envía notas de agradecimiento habitualmente, otras piensen que son un buen regalo. Quizás la tía pensó que serían útiles, por ejemplo, para la futura búsqueda de empleo de su sobrina.

Sin embargo, supongamos que la tía está siendo pasivo-agresiva porque anteriormente su sobrina no agradecía los regalos. Esto podría ser un ejemplo de que la tía no puede comunicarse directamente en lugar de intentar insultar deliberadamente. En cambio, la tía, con la intención de ser servicial y enseñar a su sobrina a mostrar aprecio por los obsequios, puede haber comunicado esto indirectamente al dar las tarjetas de agradecimiento en lugar de confrontar a su sobrina. En ese caso, no buscaba ofender a su sobrina, sino enseñarle modales importantes que necesita en la vida.

Entonces, ¿qué debería hacer esta persona? Lo bueno de este tipo de situaciones es que la respuesta es la misma, independientemente de la intención de la tía: ¡agradecerle por las tarjetas! Si realmente pensó que estaba siendo útil, esa respuesta es la más adecuada. Si lo que hizo fue un comportamiento pasivo-agresivo, lo mejor es no reconocerlo y escuchar el mensaje. De hecho, si la sobrina ha sido realmente negligente al escribir notas de agradecimiento, incluso podría abordar el tema directamente: "Gracias por las tarjetas. Me ayudarán a recordar que debo agradecer a las personas que, como tú, han sido tan generosas". Si el regalo de la tía era pasivo-agresivo, esta respuesta también es un modelo de comunicación directa.

Caso 24 - Hijo Adulto Que Molesta Deliberadamente A La Madre

Una madre me relató una situación angustiante con su hijo adulto y su nuera durante una cena en su casa. Su hijo invadió el espacio de la cocina y comenzó a bajar el fuego cuando ella lo subía. Las papas se quemaron y ella puso una nueva tanda, lo que solo le llevó unos instantes. Él siguió encendiendo y apagando los quemadores. Le dijo que ella estaba tratando de impresionar, lo cual no era cierto. Tenía los ojos oscuros y furiosos. Ella estaba tan disgustada que horas después seguía temblando. No era la primera vez que se sentía así. Después, él vuelve y se disculpa, pero a ella le lleva mucho tiempo recuperarse de su comportamiento.

A menudo, cuando las personas me plantean preguntas, describen su versión de los hechos cuando lo habitual es que sucedan más cosas. En tales situaciones, necesito leer entre líneas porque a veces, cuando ocurre un comportamiento inexplicable pasivo-agresivo (como el del hijo en este caso), indica que puede haber conductas pasivo-agresivas en ambos lados. Sin embargo, la madre no es consciente de su propio comportamiento pasivo-agresivo. Ella necesita reflexionar sobre qué mensajes le está dando a su hijo con sus acciones.

Cabe aclarar que estoy haciendo suposiciones basadas en poca información y podría estar completamente equivocado sobre esta situación específica. No obstante, este es un ejercicio de capacitación para ayudar a las personas a reconocer y manejar el comportamiento pasivo-agresivo. Si mis conclusiones se aplican a este caso en particular no es tan importante como la forma de abordar situaciones que se ajustan a mis conjeturas.

Es probable que esta madre haya respondido al comportamiento de su hijo diciéndole que parara y, cuando no lo hizo, exclamando "¡Ves, ahora las papas están quemadas!". El hecho de que mencione que "solo tardó unos instantes" en poner una nueva tanda sugiere que probablemente discutieron sobre la necesidad de volver a hacer las papas. "Mamá, están bien. Solo intentas impresionar". Esta especulación y el hecho de que él haga este tipo de cosas y luego se disculpe más tarde indica que lo más probable es que se trate de una madre perfeccionista y un hijo incapaz de comunicar sus sentimientos. Por lo tanto, es posible que sean un dúo pasivo-agresivo.

El hijo parece estar enojado con su madre, lo cual suele ser el objetivo del comportamiento pasivo-agresivo: una forma indirecta de expresar ira. Si su madre lo confronta por su enojo, es probable que su respuesta pasivo-agresiva sea: "Solo estoy bromeando. Estás demasiado tensa". La pregunta es: "¿Por qué está enojado con su madre?". Por lo que ella describe, parece ser un patrón de comportamiento a largo plazo. Podría estar molesto con ella por algo en particular, podría ser la naturaleza de su relación o podría ser una conducta aprendida que le permite transferir su frustración sobre otras cosas a su madre.

Como he indicado, es probable que el comportamiento de la madre también sea pasivo-agresivo. El martirio perfeccionista ("Voy a poner una nueva tanda de papas") da el mensaje indirecto de "Tú eres la causa de mi sufrimiento". Luego, sufre un ataque de ansiedad para enfatizar su punto. Es una consecuencia indirecta (pasivo-agresiva) para su hijo. ¡Por supuesto que él se enoja con ella! ¿Quién quiere que le digan que es la causa del sufrimiento de su madre? Una de las madres más difíciles de tratar es la perfeccionista, porque parece que solo piensa en el bien del hijo. Es difícil confrontarla directamente, así que los hijos desarrollan otras formas de mostrar su enojo. Es importante que ella reconozca que su estilo pasivo-agresivo puede ser la raíz de la ira de su hijo. Una vez que lo entienda, tendrá opciones para cambiar realmente esta situación.

¿Cómo puede romper este patrón con su hijo? Parece que no le impone consecuencias directas. Si lo hiciera, él no estaría en su cocina. En primer lugar, cuando él hace algo así, ella debería parar y dejar que él sufra las consecuencias. Muchas veces, las personas creen que no pueden imponer consecuencias a otros adultos porque no tienen control sobre ellos. "No puedo hacer que pare". Pero lo que muchos adultos parecen no darse cuenta es que, aunque no tengan control sobre el comportamiento del otro, sí lo tienen sobre el propio. Por ejemplo, podría dejar de cocinar y decir: "Puedes terminar de hacer la cena. O, si quieres que cocine yo, tienes que salir de la cocina". Esto es comunicación directa con una consecuencia adjunta. O, si las papas están quemadas, servirlas quemadas, pero sin una declaración de mártir ("Él hizo que se me quemaran las papas").

En su lugar, ella debe asumir la responsabilidad de su ansiedad. No es él quien le provoca el malestar y la ansiedad, sino que ella se lo permite porque no se da la opción de poner límites y consecuencias. Debería dejar de comunicarle que es él quien la altera y aprender métodos para controlar su ansiedad.

Obviamente, el hijo también podría hacer cambios, pero no es él quien pregunta qué hacer.

Caso 24 - Cómo Responder A Un Cumplido Con Doble Intención

Imagina que alguien te dice: "Vaya, para ser una persona tan culta, miras los programas de televisión más tontos". La tentación sería responder con algo igualmente hiriente como "Vaya, para ser alguien supuestamente inteligente, dices las cosas más absurdas". Pero en lugar de caer a ese nivel, lo mejor es abordar este tipo de comentarios con tacto a la vez que se confronta el insulto velado.

Este es un claro ejemplo de un cumplido indirecto, que es una forma pasivo-agresiva de ofender a alguien. Puede presentarse de muchas maneras y a menudo el insulto está bastante bien camuflado, pero el receptor percibe el sutil menosprecio y se siente atacado. Sin embargo, es difícil responder porque en la superficie parece un halago. Entonces, si la persona se molesta, el agresor puede culparla diciendo algo como "Qué sensible eres, no quise decir eso para nada".

En este caso puntual, el insulto es bastante transparente. Lo clasificaría como un cumplido invertido porque comienza como un elogio pero termina abofeteando a la víctima en la cara con una ofensa. Por ende, se puede confrontar más directamente: "Me duele que me juzgues así" o "¿Por qué sientes la necesidad de criticar lo que veo en televisión?" o "Entiendo que no compartas mis gustos en programas, pero ¿es necesario expresarlo de una forma tan hiriente?".

Estas respuestas señalan la intención ofensiva del comentario y lo inapropiado que fue. El interlocutor podría ponerse a la defensiva y negar cualquier mala intención, algo como "¡Sólo estaba bromeando! Eres demasiado sensible". En tal caso, puede ser efectivo reiterar lo dicho (o una variante) junto con la petición de "Te agradecería que no volvieras a hacer eso", como un disco rayado, hasta que la persona deje de negar, se rinda y acepte tu solicitud.

Caso 25 - La Trampa De Exigir Pensamientos Privados

Un paciente me contó que estaba trabajando en sus problemas de celos. Intentaba no compartir sus pensamientos y sentimientos celosos con su novia, pero cuando ella le preguntaba "¿Qué te pasa?" y él respondía

"Estoy intentando resolver algunas cosas", ella exigía saber de qué se trataba. Eso terminaba en una discusión sobre los celos. Él no sabía qué hacer.

Este es un buen ejemplo de la necesidad de privacidad en una relación. Algunas personas tienen la idea romántica de que una pareja debe compartir todos sus pensamientos. Y si no se hace, se sienten rechazadas: "¡Si no puedes contarme, significa que no confías en mí!".

Pero ciertos pensamientos no deben compartirse. Como humanos tenemos todo tipo de ideas pasando por nuestra mente. Parte de mantener relaciones armoniosas implica filtrar nuestros pensamientos y expresar solo lo apropiado. Esto también aplica para construir una sociedad pacífica (aunque los medios hoy en día parecen sugerir lo contrario).

En esta situación, el hombre reconocía que tenía un problema que había generado conflictos en su relación cuando lo compartía antes. Entendía que era su asunto a resolver, no algo para solucionar en pareja. Pero los celos no desaparecen de la noche a la mañana solo porque uno reconozca que son irracionales. Como saben mis lectores, cambiar las emociones requiere prestar atención repetidamente por un tiempo a los pensamientos que las crean. Él estaba intentando hacerlo, pero seguía sintiendo la emoción y podía mostrarse callado o retraído en el proceso.

Su novia sabía que él tenía un problema y que intentaba superarlo. Al exigirle que contara lo que le pasaba después de que él le dijera que estaba lidiando con sus pensamientos, ella le estaba tendiendo una trampa para que fracasara. Con suerte, no era intencional y se debía a su propia necesidad de tranquilidad. En ese caso, educación al respecto podría ayudar. Explicarle cómo funciona la terapia cognitiva y que se supone que uno trabaje sus pensamientos irracionales en privado porque no la involucran podría bastar para que deje de presionar.

Si ella sigue insistiendo, podría ser una trampa pasivo-agresiva. Como he escrito antes, el comportamiento pasivo-agresivo suele buscar empeorar una situación para culpar al otro. Con la pasivo-agresividad, es mejor no confrontar demasiado directamente para no darles la excusa perfecta de echarte la culpa.

En vez de decir "Estás intentando iniciar una pelea", se puede preguntar por qué siente la necesidad de saber: "Sabes que estoy trabajando en cosas que no tienen que ver contigo. Y que si las comparto, generaré un conflicto. ¿Hay alguna razón por la que crees que necesito contarte?". Una persona razonable probablemente se echaría para atrás en este punto. Pero si la novia tiene sus propios problemas no resueltos, podría seguir presionando: "Bueno, quiero saber lo que piensas para asegurarme de que ya no tienes un problema". La trampa en esta respuesta es que es como decirle a un alcohólico en rehabilitación "Si alguna vez piensas en tomar, no se puede confiar en ti". Lo importante es que la persona esté abordando su problema. Además, dado que nadie es perfecto, el hecho de que alguien reconozca un problema, reflexione sobre él e intente cambiar la conducta asociada, es la mejor señal de progreso hacia la salud mental.

Si la novia persiste sin importar qué, intensificando la discusión, posiblemente esté intentando terminar la relación sin asumir la responsabilidad. De nuevo, se puede confrontar esto directamente pero poniendo la pelota en su cancha: "Te he contado mi problema y que lo estoy abordando. Pero sigues socavando mis esfuerzos al insistir en que comparta mis pensamientos. Si continúas, solo puedo creer que quieres agravar el conflicto. Si es así, entonces tú también tienes un problema que tratar o significa que quieres terminar. Discutamos esto abiertamente en lugar de centrarnos en que yo exprese pensamientos y sentimientos que sé que son irracionales".

Caso 26 - La Madre "Amable" Pasivo-Agresiva

Un paciente adulto que vivía con su madre me contó que ella lo exasperaba a pesar de ser siempre muy amable. Le decía cosas como "Cariño, intentamos tratarte como un adulto, pero no estás pensando bien las cosas ni tomando buenas decisiones". Encontraba fallas en todo lo que él hacía, pero de forma dulce: "¿Estás seguro de que eso es lo que quieres hacer?". No elegía la carrera correcta, no comía bien, no usaba su tiempo como debería. Él se preguntaba por qué no podía cometer sus propios errores y aprender de ellos, era su vida después de todo. Si se enojaba, ella fingía confusión y afirmaba "Solo intento ayudarte a ser independiente".

Este es uno de los escenarios pasivo-agresivos más difíciles porque la madre probablemente ni siquiera es consciente de cómo se comporta y lo más seguro es que tenga buenas intenciones de "ayudar" a su hijo. A menudo esto ocurre porque la madre cree que tiene que criar "bien" a su hijo y no quiere que se equivoque porque eso la haría quedar mal como madre. El problema es que esto suele llevar al hijo a cuestionarse a sí mismo, dudar de sus capacidades y ser incapaz de tomar decisiones.

Por lo menos este paciente se enojaba por la situación, lo cual es una buena señal. Significa que reconocía que su madre estaba equivocada y se centraba en eso en lugar de culparse. Sin embargo, se quedaba atascado al intentar confrontarla porque ella no comprendía el efecto de sus acciones. Si el hijo intentaba explicárselo, ella simplemente no lo veía. Realmente creía que solo intentaba ayudar. Cuando su hijo se frustraba al tratar de que entendiera y reaccionaba con ira, la madre se convencía aún más de que su hijo tenía un problema.

En este tipo de casos, lo mejor es que el hijo trabaje en su propia forma de pensar sobre la situación y reconozca cómo eso permite que su madre pasivo-agresiva lo controle. Un dato importante aquí es que el paciente indicó que su madre era "increíble" pero le preocupaba lo que pensaran los demás. Esto sugiere que su madre es probablemente una perfeccionista social, busca la aprobación de otros intentando hacer las cosas "perfectamente". También espera que su familia se ajuste a lo que ella considera un buen manejo de las apariencias. Pero a la vez tiene la necesidad de ser la madre "perfecta", así que le dice a su hijo que haga lo que quiera, aunque en el fondo desea que se comporte según lo que ella juzga socialmente aceptable. Cuando él no lo hace, ella se decepciona pero es incapaz de expresarlo porque eso no encajaría con su ideal de madre "perfecta". Ahí radica el origen del comportamiento pasivo-agresivo.

Ya he descrito antes que el propósito de la pasivo-agresividad es expresar enojo sin asumir la responsabilidad por el mismo. En este caso, la madre siente que su frustración es inaceptable según sus propios estándares de maternidad, por lo que sus sentimientos se manifiestan de manera pasivo-agresiva. Ella parece negar este comportamiento porque también iría en contra de su autoimagen como madre. Pero la pasivo-agresividad le permite intentar controlar a su hijo sin tener que admitir que es controladora (lo que no encajaría con su autoconcepto).

Entonces, ¿qué puede hacer el hijo? Ya intentó confrontar el comportamiento sin éxito. Y probablemente no funcione porque la madre tendría que cambiar por completo cómo se ve a sí misma. Como resultado, ella desvía la confrontación de su hijo con frases como "Eres demasiado sensible".

Esta es una situación en la que, dado que el hijo está contento con su madre en otros aspectos, necesita cambiar su propia forma de pensar en lugar de esperar que ella cambie su conducta. Primero, tiene que ignorar todos los mensajes pasivo-agresivos. Si su madre no se comunica directamente, él debe dejar que esos mensajes le entren por un oído y le salgan por el otro, como si no existieran. No debe insistir en ellos porque no son un mensaje genuino. En cambio, debe escuchar lo que ella expresa abiertamente, como cuando le dice que puede hacer lo que quiera.

Segundo, el hijo debe modificar sus expectativas y aceptar que no puede tenerlo todo. No puede hacer las cosas a su manera sin decepcionar a su madre y a la vez lograr que ella se entusiasme con sus elecciones. La madre tenía una imagen de la vida perfecta para él y está experimentando la pérdida de esa fantasía. Le guste o no, no puede desprenderse fácilmente de esa visión y por ende no puede alegrarse plenamente por lo que su hijo quiere. Él tiene que soltar sus propias expectativas al respecto o estará haciendo lo mismo que su madre: tener una expectativa y sentirse herido cuando no se cumple. Me pregunto si su enojo también se estará manifestando de forma pasivo-agresiva.

Los padres no siempre pueden ser lo que deseamos. Los hijos no siempre serán lo que esperamos. Cuanto más pueda este paciente aceptar a su madre como es, más podrá disfrutar de los aspectos positivos de su relación e ignorar los negativos. Porque en realidad, no parece que sea una relación "horrible".

Una vez que haya aceptado las imperfecciones de su madre, puede hablarle directamente: "Mamá, sé que estás decepcionada por no ver cumplidos tus sueños para mi vida, pero quiero que sepas que pienso que eres la mejor por lidiar con esa decepción y dejarme vivir según mis propios sueños". En lugar de conflicto, la madre recibe un reconocimiento por ser buena madre (e incluso podría ser capaz de aceptar la pérdida y brindarle a su hijo una mayor aceptación también).

Caso 27 - El "Hackeo" Mutuo Entre Esposos

Una paciente me contó que llevaba un tiempo buscando las causas de su frustración con su esposo y que de hecho pensaba que ella era la pasivo-agresiva en el matrimonio por todo el "hackeo" mutuo y los silencios prolongados. Sin embargo, terminó dándose cuenta de que solo estaba reflejando lo que él le imponía. Por ejemplo, su marido no hacía las cosas que ella le pedía. A ella no le gustaba pedir favores, así que cuando lo hacía solía ser realmente necesario. Si le decía que recogiera la mesa después de una comida que ella había cocinado y servido, él respondía "Solo lo haría si no me dices que lo haga". La siguiente vez ella no le diría nada, esperando que él recordara por sí mismo, pero él simplemente dejaba los platos sucios sobre la mesa durante horas. Definitivamente sabía que ella esperaba que los recogiera, así que se resistía incluso cuando ella no decía nada. Si ella se enojaba e intentaba decírselo en broma, él empezaba a "hackear" enfadándose y diciéndole que una vez más ella estaba intentando controlarlo. Entonces la próxima vez ella simplemente retiraba los platos en silencio mientras "hackeaba" por dentro. Cuando ella se molestaba, él también lo hacía y pasaban días resentidos el uno con el otro. Ella no lo entendía: si no le decía cuándo quería que hiciera algo, ¿cómo iba a saber que quería que lo hiciera?

En este escenario están ocurriendo varios problemas porque ambos están siendo pasivo-agresivos. Está claro que él la está metiendo en una trampa pasivo-agresiva y ella está cayendo en ella y respondiendo de la misma manera. Sin embargo, él es un maestro en esto y siempre ganará, así que ella necesita dejar de seguirle el juego.

El mayor problema para su matrimonio es el "hackeo" y el castigo silencioso por días, lo cual puede envenenar gravemente una relación. Esto es algo en lo que la esposa puede trabajar ya que ella es partícipe. No puede cambiar el comportamiento de él directamente, pero si ella es más asertiva y directa, la conducta de él podría modificarse en respuesta.

Por lo tanto, ella debe detener sus reacciones pasivo-agresivas porque lo único que logra es escalar una batalla sobre quién lo hace mejor. Empecemos con "me enojo e intento decírselo en broma" porque ese es un claro comportamiento pasivo-agresivo, es una expresión indirecta de ira que no pasa desapercibida por él. En ese momento él sabe que ha ganado la batalla y su recompensa es "hackear" mientras le echa la culpa a ella. En lugar de bromear, ella tiene que ser directa. De hecho, ¿por qué enojarse? Hay que pensar que es como tratar con un niño. Con un niño no te enojas, le explicas lo que es aceptable y cuáles son las consecuencias.

En este caso, ser directa sería decir algo como: "Me siento herida cuando pido ayuda y tú ignoras mi petición". ¿Seguirá él enfadándose y "hackeando"? Probablemente. Pero al menos ella no está participando en el concurso de terquedad.

Ahora, imaginemos que en lugar de "hackear" de inmediato, él responde: "Estás intentando controlarme otra vez".

Ella podría decir (con sinceridad, sin tono de enojo): "Estoy pidiendo ayuda... ¿hay alguna forma mejor de hacerlo?".

Él podría contestar: "Solo lo haré si no me lo pides".

En ese momento, ella podría responder (nuevamente con sinceridad): "No sé cómo hacer una petición sin pedírtelo. ¿Tal vez es la forma en que lo pido?

¿Hay otra manera de hacerte saber cuándo necesito ayuda?". Esto devuelve la responsabilidad a él en lugar de que ella siga atrapada en el dilema de "no me lo digas, pero si no me lo pides no lo haré".

Si él sigue insistiendo de una forma u otra en "no me lo pidas", entonces puede que ella tenga que atenerse a las consecuencias. Por ejemplo, una vez que mi propia familia no me ayudaba con los platos sin muchos roces, me declaré en huelga. No dije ni una palabra al respecto, simplemente dejé de lavar los platos. No lo hice con enojo ni modifiqué mi comportamiento de ninguna otra manera, solamente me dije a mí misma que no lo haría más. Pasaron unas dos semanas y todos los platos de la casa estaban sucios y amontonados en la cocina, pero un día llegué a casa y todo estaba limpio. Hasta el día de hoy no sé quién los lavó porque nunca lo mencioné. Pero nunca más tuve un problema después de eso.

Segundo, ella tiene que dejar de "hackear". Esto es más fácil si expresa con firmeza cómo se siente. Por ejemplo, en lugar de retirar los platos "en silencio", podría lavarlos pero haciendo una afirmación asertiva como "Me parece injusto que yo cocine y tú no me ayudes con la limpieza". Recuerda que ser asertivo significa ser directo, educado y conciso, sin tono de enojo. Haz la declaración y luego suéltala. No sigas dándole vueltas al asunto. Si él "hackea", ella debe ignorarlo y actuar con normalidad. Así, él no puede ganar haciendo que ella se amargue para luego culparla. Si ella no participa, a él solo le queda jugar consigo mismo, lo cual no es tan divertido.

Caso 28 - Una Madre Pasivo-Agresiva Y La Planificación De Una Boda

Una paciente me contó que le estaba costando mucho planificar su boda porque su madre y ella querían cosas muy diferentes. La hija creía en la sencillez y para ella era importante tener una boda pequeña e íntima (y un matrimonio sano), no una celebración enorme y tradicional. La madre quería tomar las decisiones por ella y mostraba una pasivo-agresividad extrema cuando la hija le contaba sus creencias y deseos. Le decía amablemente que podía hacer lo que quisiera, pero luego no se entusiasmaba con las cosas que la novia decidía. Le encontraba defectos a todo lo que intentaba hacer, pero de forma dulce: "¿Estás segura de que eso es lo que quieres?". No elegía la carrera adecuada, no comía bien, no pasaba su tiempo correctamente. La hija se preguntaba por qué no podía cometer errores y aprender de ellos, era su vida después de todo. Si se enojaba, la madre fingía confusión y afirmaba "Solo intento ayudarte a ser independiente".

Cuando fueron a comprar vestidos, antes de que la novia pudiera decir "sí" o "no" a un modelo, la madre ya había decidido. La hija terminó comprando un vestido que le gustaba a su progenitora. Esta le dijo que el que le gustaba a la novia no era lo suficientemente entallado y que el que había elegido ella la hacía verse hermosa. Además, la madre se encontró con otra novia en la tienda que iba a celebrar una boda tradicional en un lugar caro y conocido de la ciudad, donde ella quería que se realizara la de su hija, pero que la novia había rechazado por el costo, el ambiente ostentoso, etc. Cuando la otra chica le preguntó dónde sería su boda, la madre puso cara de vergüenza al decirle que se celebraría en una bolera. La novia se sentía herida. Si intentaba confrontar a su madre, esta le decía que era demasiado sensible y que debía hacerlo todo sola si no quería su ayuda. La paciente quería recalcar que su madre era una persona increíble que haría cualquier cosa por ella. Solo que era muy pasivo-agresiva y fingía no darse cuenta cuando era confrontada. Su imagen y apariencia eran muy importantes para ella y siempre lo habían sido. La novia sentía que su madre pensaba que las decisiones de su hija se reflejaban en su propia imagen.

Es interesante ver con qué frecuencia surgen conflictos entre madres e hijas a causa de las bodas. Creo que esto se debe a un par de razones. Una es que la hija ya es adulta y toma decisiones por sí misma, así que la madre no tiene tanto control. Esto nos lleva a la segunda cuestión, que el conflicto suele ocurrir cuando las personas tienen dos necesidades diferentes. En este caso, la madre y la hija tienen imágenes y deseos distintos para la boda.

Manejar esta situación probablemente se trate más de que la novia trabaje en su propia forma de pensar al respecto y reconozca cómo eso permite que su madre pasivo-agresiva la controle. Un dato relevante aquí es que la paciente indicó que su madre era "increíble" pero le preocupaba lo que pensaran los demás. Esto sugiere que su progenitora es probablemente una perfeccionista social, busca la aprobación de otros intentando hacer las cosas "perfectamente". También espera que su familia se ajuste a lo que ella considera un buen manejo de las apariencias. Pero a la vez tiene la necesidad de ser la madre "perfecta", así que le dice a su hija que haga lo que quiera, aunque en el fondo desea que se comporte según lo que ella juzga socialmente aceptable. Cuando la hija no lo hace, se decepciona pero es incapaz de expresarlo porque eso no encajaría con su ideal de madre "perfecta". Ahí radica el origen de su comportamiento pasivo-agresivo.

Ya he descrito antes que el propósito de la pasivo-agresividad es expresar enojo sin asumir la responsabilidad por el mismo. En este caso, la madre siente que su frustración es inaceptable según sus propios estándares de maternidad, por lo que sus sentimientos se manifiestan de manera pasivo-agresiva. Ella parece negar este comportamiento porque también iría en contra de su autoimagen. Pero la pasivo-agresividad le permite intentar controlar a su hija sin tener que admitir que es controladora (lo que no encajaría con su autoconcepto).

Entonces, ¿qué puede hacer la hija? Ya intentó confrontar el comportamiento sin éxito. Y probablemente no funcionará porque la madre tendría que cambiar por completo cómo se ve a sí misma. Como resultado, ella desvía la confrontación con frases como "Eres demasiado sensible".

Dado que la novia está contenta con su madre en otros aspectos, necesita trabajar en su propia perspectiva en lugar de esperar que su progenitora modifique su conducta. Primero, tiene que ignorar todos los mensajes pasivo-agresivos. Si su madre no se comunica directamente, ella debe dejar que esos mensajes pasen de largo, como si no existieran. No debe insistir en ellos porque no son una comunicación genuina. En cambio, debe escuchar lo que ella expresa abiertamente, como cuando le dice que puede hacer lo que guste.

Segundo, la hija debe ajustar sus expectativas y aceptar que no puede tenerlo todo. No puede hacer las cosas a su manera sin decepcionar a su madre y a la vez conseguir que ella se entusiasme con sus elecciones. La madre tenía una imagen de la boda perfecta y está experimentando la pérdida de esa fantasía. Le guste o no, no puede desprenderse fácilmente de esa visión y por ende no puede alegrarse plenamente por lo que su hija quiere. La novia tiene que soltar sus propias expectativas al respecto o estará haciendo lo mismo que su madre: tener una expectativa y sentirse herida cuando no se cumple.

Los padres no siempre pueden ser lo que deseamos. Los hijos no siempre serán lo que esperamos. Cuanto más pueda esta paciente aceptar a su madre como es, más podrá disfrutar de los aspectos positivos de su relación e ignorar los negativos. Porque en realidad, no parece ser una relación "horrible".

Una vez que haya aceptado las imperfecciones de su madre, puede hablar directamente: "Mamá, sé que estás decepcionada por no ver cumplidos tus sueños para mi boda, pero quiero que sepas que pienso que eres la mejor por lidiar con esa decepción y dejarme celebrar según mis propios sueños". En lugar de conflicto, la madre recibe un reconocimiento por ser buena madre (e incluso podría ser capaz de aceptar la pérdida y brindarle a su hija una mayor aceptación también).

Caso 29 - Controlar negándose a discutir los problemas

Una mujer expresó su frustración cuando intenta discutir calmadamente una situación que le molesta en su relación. Cada vez que lo hace, su marido responde: "¡No quiero pelear por esto!". A pesar de que ella le aclara que no desea pelear, sino simplemente hablar del tema, él nunca accede a tener la discusión y los problemas quedan sin resolver.

La afirmación del marido "¡No quiero pelear por esto!" es una trampa de control porque sólo le permite a la mujer dos opciones: abandonar el tema o seguir insistiendo. En realidad, él está diciendo "no quiero hablar de esto", de modo que si ella interrumpe la conversación, la conducta controladora de su esposo se ve recompensada al conseguir lo que él quiere. Sin embargo, si ella sigue insistiendo, él puede culparla acusándola de "pelear". Ella ha intentado explicar que sólo quiere hablar, pero como el verdadero significado de la afirmación de su marido es "no quiero hablar de esto", cualquier conversación es vista desde su perspectiva como una pelea. Una trampa perfecta.

Entonces, ¿cómo puede ella salir de esta trampa? La mejor manera es evitar la trampa por completo. Y la forma de hacerlo es no tener discusiones sobre situaciones que le molestan en la relación. Esto puede sonar contradictorio, pero hay una explicación más profunda.

Una pista de lo que está ocurriendo en esta relación es que ella quiere "discutir una situación". Esta es una práctica común para las mujeres que desean expresar sus sentimientos y llegar a un entendimiento o resolución de un problema. Suena razonable, pero muchas mujeres conviven con hombres que no operan de la misma manera: no quieren discutir "sentimientos" y "problemas de relación".

Parece un callejón sin salida. ¿Cómo puede resolverse algo si una persona quiere hablar de ello y la otra no?

La solución a cualquier problema la aborda mejor la persona que reconoce el problema y quiere cambiarlo. Por lo tanto, en esta situación la esposa necesita hacer un cambio para adaptarse al estilo de comunicación de su marido. Concretamente, el estilo de comunicación de muchos hombres suele ser muy directo, claro y conciso. Si algo no les gusta, dicen "eso no me gusta". Si haces algo que les molesta, dicen "Deja eso". Mientras que las mujeres quieren hablar de sus sentimientos y explicar el problema con todo detalle para que la otra persona lo entienda y nadie salga herido en sus sentimientos. Este estilo puede funcionar muy bien con otras mujeres, pero puede suponer un problema en algunas relaciones.

Dados estos diferentes estilos de comunicación, la sugerencia de dejar de tener "discusiones" sobre un problema puede tener más sentido. En lugar de discutir un problema, la mujer debería decirle directamente a su esposo cuál es el problema y qué quiere que haga. Por ejemplo, en lugar de discutir sobre su falta de ayuda en casa, debería decirle: "Necesito que laves los platos después de cenar". O, si no es lo bastante cariñoso, decirle "Dame un abrazo". Si hace algo que es hiriente, debería decirle "Me siento herida cuando haces eso... no vuelvas a hacerlo". Estas afirmaciones directas pueden resultar incómodas para muchas mujeres, pero ser directa puede resolver muchos problemas en las relaciones. Y en esta relación en particular, evita la trampa del control.

Muchas mujeres reaccionan a esta sugerencia diciendo: "Pero entonces dirá que lo estoy regañando". Sin embargo, la mayoría de los hombres no ven estas afirmaciones o peticiones directas como un regaño. Lo que consideran regañar es cuando critican, culpan o etiquetan: "¡Te lo he pedido tres veces!" o "Simplemente no te importa" o "Nunca..." o "Eres un vago".

Ejemplo pasivo-agresivo 39

Enfrentarse al hijastro por no visitarle

Una madrastra relata la difícil situación familiar que está viviendo con su hijastro de 41 años. Ella cree que él está siendo pasivo-agresivo al negarse a visitarlos, ya sea solo o con su mujer y sus dos hijos. El hijastro sabe que su madre tuvo una aventura (con quien ahora está casada) y luego se divorció de su padre. La madrastra conoció al padre unos años más tarde, se fue a vivir con él y con su hijo, que entonces tenía 25 años, y se casaron dos años después.

El hijo estaba muy resentido porque pensaba que él y su novia vivirían con su padre hasta que heredara la propiedad. Le molestaban otras mujeres con las que su padre había tenido relaciones después de divorciarse, así que no es que la madrastra no le gustara, sino que no quería que su padre volviera a casarse. El hijastro no se niega abiertamente a visitarlos, pero da excusas absurdas para no hacerlo, como que su coche está roto o que está demasiado ocupado, lo cual insulta la inteligencia de la pareja. El padre no le reta porque es su único hijo, ya que la hija del padre murió trágicamente hace muchos años a los 11 años.

En los últimos 4 años, el hijastro les ha visitado tres veces. La primera vez fue por curiosidad para ver su nueva casa, pero en las dos visitas siguientes se negó a ir a casa e insistió en quedar para comer en un restaurante local a costa de la pareja. Hace 6 meses, el hijastro y su familia asistieron a la fiesta del 70 cumpleaños del padre, pero la madrastra cree que solo lo hizo porque sabía que el resto de la familia estaría allí y no quería quedar mal delante de ellos por no asistir. El hijastro tampoco invita a su padre ni a la madrastra a visitarlos. Cuando el padre pregunta cuándo puede visitarlos, su hijo le dice que es bienvenido en cualquier momento pero no fija una fecha, lo cual es difícil dado que viven a 90 millas de distancia.

Este comportamiento ha empeorado en los últimos 10 años, pero cuando la madrastra le pregunta cuál es el problema, el hijastro se muestra sorprendido y dice que no les pasa nada, que el problema deben tenerlo ellos. Él y su mujer ven a menudo a la familia de ella y a la madre de él y su nuevo marido. La madrastra siente que si fuera su propio hijo le retaría abiertamente y le pediría explicaciones, pero su marido se resiste a hacerlo por miedo a empeorar la situación. Ella ya no aguanta más las excusas inanes para no visitarlo, así que es inevitable que pronto rete a su hijastro por esto. Al padre le encantan los niños pero, por desgracia, no ve a sus nietos muy a menudo. El hijastro y su mujer tutean a la madrastra cuando se dirigen a los niños en su presencia y no le permiten considerarlos sus nietos, algo diseñado para ser hiriente y que efectivamente lo es. Nada de lo que hacen cambia la situación, lo que lleva a la madrastra a pensar que se trata de un comportamiento pasivo-agresivo por parte de su hijastro.

Analizando esta situación, queda claro que el hijastro está incurriendo en una conducta pasivo-agresiva, especialmente cuando niega que haya un problema (cuando está claro que él y su familia no están de visita) y les echa la culpa a ellos. Sin embargo, saber esto y acusarle no va a servir de nada y es probable que empeore las cosas como teme el padre. La madrastra quiere enfrentarse para proteger a su marido, pero lo más probable es que cree más problemas. Cualquier confrontación debe venir del padre y él no está dispuesto a hacerlo (y una confrontación directa no es una buena idea de todos modos cuando se trata de una persona pasivo-agresiva).

La madrastra debe aceptar que este es un problema de su marido, no de ella. Al aceptarlo como tal, puede resistir el impulso de intentar corregirlo enfrentándose a su hijastro. Por mucho que nos preocupemos por alguien, no podemos solucionar sus problemas sin su consentimiento. Intentarlo es interferir y puede crear muchos otros problemas, incluyendo conflictos o emociones negativas entre ella y su marido. Si acepta que es problema de su marido, también puede abstenerse de quejarse a este sobre el hijastro. En lugar de permitir que sea una interacción negativa entre los dos, ella puede consolar a su marido cuando está sufriendo y ser un apoyo para él, expresándole que entiende lo difícil que es no poder ver a su hijo y a sus nietos.

Una vez que la madrastra sea capaz de desprenderse del problema, quizá aparezcan otras soluciones. Una posibilidad es aceptar la oferta del hijastro de verlos cuando quieran. Aunque sea difícil, no es imposible. Los padres podrían empezar a ponerse en contacto con el hijo de forma regular (cada dos semanas) y decirle que piensan pasarse ese fin de semana, preguntándole cuándo le viene bien. Puede que les digan que están ocupados, pero si persisten incluso después de repetidas negativas, entonces queda más claro dónde está el problema. Si eso ocurre, el padre podría preguntar por qué llevan varios meses intentando concertar una cita para verle sin éxito y si hay algún problema. En ese momento es más difícil que el hijo les eche la culpa a ellos, ya que han estado haciendo un esfuerzo. También es posible que ni siquiera sea necesario porque el hijo acepte las visitas.

Por último, aunque el hijastro y su mujer no permitan a la madrastra ser llamada abuela, una abuela no es un nombre, es una relación. En lugar de preocuparse por cómo la llaman los nietos, ella puede simplemente SER una buena abuela. Cuando tenga la oportunidad de visitarlos, puede prestarles mucha atención positiva. Entonces, no importa cómo la llamen porque, de todos modos, se trata de amor.

Caso 30 - Expectativas poco razonables del marido con respecto a la mujer con déficit de atención

Una esposa con Trastorno por Déficit de Atención (TDA) relata cómo su marido la saca de quicio poniendo algo en algún sitio y dejándolo allí, sabiendo que ella está trabajando o limpiando en esa zona concreta de la casa, sin decirle que no mueva ni toque ese objeto. Luego, el marido se vuelve ruidoso y agresivo cuando ella lo mueve y no se da cuenta a dónde lo movió.

Analizando esta situación, la esposa debe ser cautelosa en su suposición e interpretación del comportamiento de su marido y de su intención. Aunque su comportamiento podría ser pasivo-agresivo, también es posible que esté reaccionando por frustración. Puede que él no sea tan consciente de su TDA en todo momento como ella cree que debería ser. Por lo tanto, hay varias posibilidades a considerar: 1) él no está siendo pasivo-agresivo; 2) él está siendo pasivo-agresivo; y 3) ella podría estar haciendo suposiciones que afectan su forma de ver la situación.

Si el marido no está siendo pasivo-agresivo, puede que simplemente no esté pensando en el TDA de su esposa. Aunque ella se lo haya dicho repetidamente, la mayoría de la gente responde a las situaciones desde su propia perspectiva. Además, los síntomas del TDA pueden ser muy variables y, por lo tanto, confusos desde la perspectiva de una persona ajena. Una persona con TDA puede ser capaz de concentrarse y recordar en una situación y no en otra. Por lo tanto, aunque el marido sepa que su esposa tiene TDA, puede que no siempre lo tenga en cuenta e interprete su comportamiento de acuerdo con ese hecho. En este caso, su reacción no sería debida a la pasivo-agresividad, sino simplemente a la frustración porque sus cosas están mal colocadas.

Si este es el caso, el problema podría resolverse más fácilmente discutiéndolo cuando no estén en el calor del momento y pensando en posibles soluciones. Necesitan recordatorios repetidos, pero estos no pueden ser con enfado, porque entonces lo único que se recuerda es el enfado y la discusión. En lugar de eso, podrían pensar en otras posibles soluciones, como poner un cartel (similar a los de "suelo mojado") cuando la mujer esté limpiando para advertir al marido de que si deja algo en el suelo puede que lo guarde y lo olvide, o bien el marido podría poner un post-it en las cosas que no quiere que se toquen, indicando en él dónde está el objeto si ella necesita moverlas. De esta manera, podrían resolver el problema en lugar de tener la discusión repetida.

Por otro lado, puede que el marido sí esté siendo pasivo-agresivo y le guste dejar las cosas en el suelo para que su mujer las pierda y así poder abalanzarse sobre ella y descargar sus frustraciones. Si este es el caso, lo más probable es que el mismo comportamiento esté ocurriendo en otras áreas de su matrimonio. El propósito sería intensificar una discusión para que él pueda sentirse mejor liberando su ira mientras la culpa a ella, sin tener que asumir la responsabilidad de su comportamiento. En este tipo de situación, es importante no recompensar su comportamiento permitiéndole descargar sus frustraciones en ella. Para reducir la recompensa, la esposa debe abstenerse de intensificar la discusión, apartándose de ella con la mayor calma posible y diciéndole que ya hablarán de esto cuando esté más tranquilo. Si él sigue intentando continuar la discusión, puede que tengan problemas más graves que abordar.

Por último, la esposa podría estar haciendo algunas suposiciones que afecten a su forma de ver la situación. Examinando su propia forma de pensar, puede estar en mejores condiciones para determinar si es probable que el comportamiento de él sea pasivo-agresivo o no. Esto podría explorarse más a fondo en un ejemplo de entrenamiento cognitivo diario.

Caso 31 - Médico que apuñala por la espalda

Una médica relata cómo un colega con el que trabaja cree que es "demasiado orgullosa" e independiente en su trabajo. Aunque no tienen por qué ser amigos, este colega ha empezado a decir a cada nuevo grupo de residentes que no tiene sentido discutir nada con ella porque es autoritaria. Les dice que deberían evitar la discusión y estar de acuerdo con ella. Cuando la médica presenta una evaluación en las rondas, su colega se tapa los ojos y agacha la cabeza. Cuando se va, si ella tiene que hablar con uno de los residentes sobre un paciente que tiene problemas, puede ver cómo se preparan cuando se acerca o ponen los ojos en blanco, aunque nunca hayan hablado. Las familias y los compañeros la consideran una médica competente y compasiva, pero este trato la distrae y la desanima, dificultando la prestación de una atención segura, hasta el punto de que se ha planteado dejar su consulta.

Este médico está empleando el clásico comportamiento pasivo-agresivo de puñalada por la espalda. Reúne a cada nuevo grupo de residentes a su lado cotilleando sobre su colega y poniéndolos en su contra. Luego refuerza sus afirmaciones anteriores con gestos no verbales como taparse los ojos e inclinar la cabeza. Este comportamiento es una de las situaciones de pasivo-agresividad más difíciles de manejar porque la mayoría de los intentos de enfrentarse a él llevarían a más de lo mismo. Si se le confronta, el médico es recompensado por su comportamiento porque sabe que está angustiando con éxito a su colega mientras es favorecido por los residentes. Lo más probable es que se trate de una especie de refuerzo de su ego, a menudo utilizado por personas menos competentes para desacreditar a las más competentes.

Aunque hay una manera de detener probablemente su comportamiento pasivo-agresivo durante las rondas, se necesita un alto nivel de habilidad que la mayoría de la gente no tiene y no detendrá su hablar a sus espaldas. Por ejemplo, cuando se involucra en los comportamientos no verbales, la médica podría decir muy dulcemente: "Doctor, cuando se tapa los ojos e inclina la cabeza de esa manera me hace pensar que no está de acuerdo - ¿qué piensa de mi evaluación?". Esto debe hacerse con el tono y la expresión facial de inocencia adecuados, sin ningún atisbo de sarcasmo, por lo que a muchas personas les resulta difícil. Sin embargo, puede ser una forma eficaz de conseguir que se deje de palabrerías. Y al mismo tiempo la hace parecer más abierta a la discusión, lo que refuta sus insinuaciones privadas a los residentes. Al principio, es probable que él se jacte de que ella está malinterpretando, pero si ella le llama la atención cada vez, es probable que deje de hacerlo.

Sin embargo, esto es difícil de conseguir. En este caso, puede que sea necesario llegar a los residentes antes que él. Lo bueno de este escenario es que su comportamiento es predecible y los residentes rotan entrando y saliendo. Por lo tanto, su comportamiento no envenena sus relaciones permanentemente porque esos residentes se irán. Si ella puede centrarse en desarrollar una buena primera impresión con los residentes cuando llegan por primera vez, entonces sus puñaladas por la espalda serán menos efectivas. Esto requerirá más esfuerzo y puede ser incómodo si no es coherente con su estilo de personalidad, pero probablemente no sea más esfuerzo o más incómodo que tener que dejar una consulta de éxito. Lo que puede hacer es reunirse con los residentes individualmente o en grupo para darles una bienvenida informal, invitándoles a comer y dejando que la conozcan en un ambiente informal. De este modo, evita que la única impresión que tengan de ella sean los cotilleos del otro médico, siendo menos probable que se tomen a pecho sus comentarios ya que no coinciden con la impresión que tienen de ella.

Si hace esto, no tiene que abordar nada con ellos sobre el otro médico, sino simplemente pasar un almuerzo agradable. Sin embargo, si quisiera contrarrestar aún más sus declaraciones, podría decir algo como: "Sé que puedo ponerme muy intensa durante las rondas porque me apasiona este trabajo, pero no dejes que eso te moleste. Sigo aceptando otras opiniones, así que no dudes en decirme lo que piensas". Una declaración como ésta establece una relación de trabajo con los residentes y anula sus puñaladas por la espalda. De hecho, la combinación de estas sugerencias podría hacerle quedar como un imbécil sin que ella dijera ni una palabra sobre él.

Es posible que también haya algunas cogniciones irracionales en esta situación debido a su declaración sobre proporcionar una atención segura y considerar dejar su consulta. Esto podría explorarse más a fondo en un ejemplo de entrenamiento cognitivo diario.

Caso 32 - Molestias deliberadas seguidas de negación

Este ejemplo describe una situación en la que un marido experimentaba un comportamiento pasivo-agresivo aparentemente intencional por parte de su esposa. Según él, cuando ella se enfadaba con él, empezaba a estar atento a lo que iba a hacer para vengarse. Mencionó un incidente específico en el que mientras preparaba el desayuno, puso pan en la tostadora y al cabo de un rato notó que tardaba más de lo normal. Al abrir la tostadora, encontró la tostada casi quemada y comprobó que alguien había subido el tiempo, asumiendo que fue su esposa ya que él no lo había hecho.

En lugar de confrontarla, lo cual había descubierto que era la recompensa que ella buscaba, no reaccionó, pues cuando lo hacía, ella se ponía a discutir con él, le echaba la culpa, desviaba la conversación, le decía que se estaba volviendo senil o que estaba loco, hasta casi convencerlo. Era una situación enloquecedora que llevaba ocurriendo durante todo su matrimonio, cosas no dañinas pero que él le había pedido que no hiciera, sabiendo que eran a propósito. Si la enfrentaba, ella negaba haberlo hecho, sugiriendo que él se estaba volviendo loco. Si él insistía, se convertía en una discusión a gritos en la que ella le echaba la culpa de algo totalmente distinto, siendo él incapaz de argumentar más que ella.

Afortunadamente, la mayoría de los comportamientos pasivo-agresivos no son intencionados, sino que se deben al aprendizaje de estilos de comunicación ineficaces en la infancia o a evitar la incomodidad de expresar directamente la ira. Sin embargo, en esta situación, asumiendo la exactitud de la interpretación basada en repetidos casos de este comportamiento, la conducta pasivo-agresiva es claramente intencionada con el propósito no sólo de expresar la ira, sino de tomar represalias y causar daño. La persona quiere causar dolor a la otra y no sólo no ser responsable de ello, sino culpar, escalar y hacer que su víctima parezca la "loca", permitiéndole sentirse justificada por la rabia.

La rabia puede ser una forma de liberar emociones reprimidas, lo cual puede sentar bien. Algunas personas necesitan liberarse debido a problemas subyacentes como la depresión, que la rabia alivia temporalmente. Otras pueden tener ira "sobrecontrolada", dejando que las pequeñas molestias se acumulen hasta explotar. Sin embargo, enfurecerse por nimiedades les haría parecer ridículas, así que el comportamiento pasivo-agresivo de crear y aumentar el conflicto les permite justificar la ira.

Lamentablemente, esta persona tiene pocos incentivos para cambiar. Enfrentarse a ella sólo le da la oportunidad de una escalada que le proporciona la deseada liberación de poder gritar y decirle al otro que está loco. Así, ella puede negar cualquier responsabilidad e ignorar sus propios problemas. Probablemente lo más que puede hacer el marido es mantener la cordura reconociendo el comportamiento pasivo-agresivo y comprendiendo que no se trata de él. Al no comprometerse con ella, evita que pueda justificar su ira, seguir atacándole y conseguir la liberación que desea.

La preocupación en una situación de búsqueda de venganza es que si a la persona se le niega la poderosa liberación, puede ser necesario estar preparado para una escalada de tácticas hacia un comportamiento más dañino. En ese caso, permitirle una pequeña liberación sólo para mantenerla bajo control podría ser la única opción, aunque no sea la ideal. Otra posibilidad sería intentar desviar el problema desde el principio, antes de que inicie el comportamiento de represalia. Por ejemplo, si él sabe que ella está enfadada y puede predecir su respuesta pasivo-agresiva, tal vez sea posible abordar su ira en ese momento.

Desde un punto de vista psicológico, es probable que en la mente de ella, cuando él hace cosas que la molestan, crea que lo hace deliberadamente para lastimarla. Esto se debe al mecanismo de defensa de la proyección, que consiste en negar el propio comportamiento mientras se acusa a los demás de lo mismo: un mentiroso cree que todo el mundo miente, una persona maleducada acusa a todos de ser maleducados. Así que, en este caso, dado que ella le hace daño intencionalmente, probablemente cree que él también lo hace.

Idealmente, ella debería ser más responsable de su comportamiento y ser quien cambiara. Sin embargo, esa no es la realidad en esta situación. Es como una niña que exterioriza su rabia y necesita aprender a expresarla de forma más apropiada. Del mismo modo que un padre ayuda a un niño a poner palabras a su ira para enseñarle a expresarla adecuadamente, él podría intentar ayudarla a expresarse sin necesidad de buscar venganza cuando sepa que está enfadada. Poner palabras a su enfado y ayudarla a resolverlo podría disminuir la necesidad del comportamiento vengativo, aunque sea una posibilidad remota dado que requeriría que ella modificara profundamente cómo se ve a sí misma.

Caso 33 -¿Qué Hago Cuando Me Ignoran La Mayor Parte Del Tiempo?

Este ejemplo presenta el caso de una mujer cuyo novio se mudó con ella hace 3 años. Los hijos de él, de 17 y 20 años, pasaban una noche a la semana y un par de horas entre semana con ellos. Antes de la mudanza, los chicos le dijeron a su padre que preferían que se quedara en su propio piso para poder visitarle sólo a él. A pesar de eso, siguieron adelante con la cohabitación y las cosas se agriaron rápidamente.

La mayor parte del tiempo, los chicos sólo le hablaban a ella cuando se les hablaba, normalmente con respuestas escuetas. A veces la saludaban y otras no. Ella solía tratar de entablar conversación con ellos, pero a veces generalizaba y, en consecuencia, no se dirigía a ellos más allá de saludos básicos anticipando un resultado negativo, aunque reconocía la irracionalidad de esto e intentaba empezar de nuevo.

Rara vez comían los alimentos que ella preparaba, optando por congelados o enlatados. Rara vez salían juntos como grupo, normalmente porque no la invitaban. El mayor casi nunca hablaba con nadie, mientras que el pequeño era más comunicativo con los demás. Su padre les había hablado repetidamente sobre cortesía y saludos. Ella había hablado un par de veces con el pequeño sobre cómo le entristecía que no le hablara ni saludara. Este fue llevado a una o dos sesiones de terapia pero se negó a volver.

Ella discutía con el padre al respecto, a veces dándole ultimátums que lo ponían en una situación sin salida. Pidió consejo sobre cómo lidiar con esta difícil dinámica familiar, mencionando una sugerencia de decirles regularmente de forma tranquila cómo la hacía sentir su comportamiento, por ejemplo: "Hiere mis sentimientos cuando no me incluyen en las conversaciones". Se preguntaba si esto podría ser útil o qué más podría hacer de forma diferente.

La primera sugerencia sería trabajar en no tomar esto personalmente, aunque pueda ser difícil cuando se siente tan personal. Hay que tener en cuenta que se trata de chicos adolescentes y adultos jóvenes en una etapa complicada, así que en realidad su actitud no se trata de ella, sino que es algo bastante común a esas edades que suele cambiar a medida que maduran.

Además, conseguir que chicos de esa edad se comporten como uno quiere es especialmente difícil, así que el padre probablemente no tenga mucho control sobre su comportamiento, especialmente al no tener la custodia completa. Un enfoque de consecuencias naturales podría ser útil, pero más allá de eso, no se puede realmente controlar su conducta.

En general, hacerle saber a una persona pasivo-agresiva no intencional cuando te lastima es una buena idea porque los confronta con su comportamiento. Sin embargo, para que sea efectivo tienen que importarles tus sentimientos en algún nivel y eso es dudoso en el caso de chicos de esa edad, por lo que enfrentarse a su comportamiento probablemente sólo los haga más reacios y distantes.

En lugar de eso, si se puede evitar tomarlo como algo personal y buscar resultados positivos, puede ser mejor hacer como si el comportamiento no existiera. Ser agradable, hablarles, pedirle al novio que la incluya en actividades, pero por lo demás ignorar la conducta negativa. Con suerte, con el tiempo, se sorprenderá al darse cuenta de que le hablan más, como les pasa a muchos padres con hijos de esa edad.

Eso sí, hay que tener cuidado con el propio retraimiento para no caer en una dinámica de alejarse también para expresar frustración de forma pasivo-agresiva aunque sea sin intención.

Caso 34 - Problemas Con Un Hijo Adulto Que Vive En Casa

En este caso, una madre tenía dificultades con su hija de 19 años que siempre había sido un incordio. La joven sufría un trastorno de ansiedad generalizada y anorexia diagnosticados a los 13 años. Estudiaba en la universidad pero se negaba a vivir en el campus y a conducir hasta los 18. Ahora salía de casa todo el día y no volvía hasta pasada la medianoche, sin contribuir en el hogar y dejando suciedad por todas partes. Salía con dos jóvenes que parecían "haber salido de debajo de una piedra" a pesar de ser ella inteligente y guapa. Cuando se le preguntaba por su falta de contribución, afirmaba que su nivel de estrés estaba por las nubes. Su terapeuta decía que era una adolescente latente normal debido a sus problemas anteriores y le daba consejos a la madre sobre cómo lidiar con sus novios o clases, pero la hija arremetía contra ella cuando intentaba aconsejarla o pedirle que limpiara. La madre se había vuelto resentida con ella y viceversa. Tuvieron un altercado físico en el que la hija la empujó y pegó, y ella le devolvió el golpe en defensa. Luego la hija se fue de casa alegando que tenía miedo de volver. El padre se puso de parte de la hija diciendo que la madre debía haberla provocado cuando lo único que le pidió fue que limpiara su habitación. Aunque volvió a casa, nada cambió, excepto que ahora la madre tenía que lidiar además con la falta de respeto verbal de su hija.

Un ejemplo de sus interacciones:

Madre: "Buenos días, anoche dejaste productos sanitarios usados expuestos en el baño de abajo. ¿Te encargarás de eso inmediatamente?".

Hija: "No es tan agradable ser recibida con quejas y quejas a primera hora de la mañana".

Madre: "¿En serio? Ve a limpiar eso... nadie quiere verlo".

Hija: "Lo haré si tengo oportunidad. Me estás estresando".

Madre: "Necesitas estar estresada, limpia tu desastre ahora".

Hija: "Llego tarde a clase". La puerta se cierra, el coche se va, el desorden se queda.

Esta situación requiere un abordaje delicado en tres pasos, idealmente con la ayuda de un terapeuta cognitivo-conductual. Primero, es necesario reconocer que no se puede cambiar a otra persona, sólo a uno mismo. El objetivo es lograr una condición de vida más tolerable cambiando las propias actitudes y comportamientos, ya que cada familia es un sistema interrelacionado en el que modificar cualquier parte obliga al resto a adaptarse de algún modo.

En este caso, la atención de la madre parece centrarse en lo que la hija "debería" hacer - recomponerse, tomar mejores decisiones, ser más respetuosa, contribuir y limpiar. Pero esas exigencias y expectativas de cambio son infructuosas porque la hija no tiene incentivos para cambiar. Su comportamiento está causando problemas a su madre, no a ella misma. Dando los pasos sugeridos para modificar su propio comportamiento, la madre puede potencialmente darle a la hija mayores razones para cambiar.

El segundo paso es reconocer la enfermedad mental de la hija y las luchas que enfrenta para poder centrarse en interacciones más positivas en lugar de críticas implícitamente recriminantes que no consideran su ansiedad. La relación parece haberse convertido en un ciclo de ataque y defensa mutuos. Esto puede cambiar si la madre se compromete a centrarse en cualidades y comportamientos positivos de su hija en una proporción de al menos cinco aspectos positivos por cada crítica. Los elogios tienen que ser muy específicos y no generales o indirectos. Aunque al principio puede parecer que no hay nada positivo que resaltar, obligarse a buscarlo también tiende a reducir las críticas al tener que compensarlas con interacciones positivas.

Por último, se pueden empezar a establecer consecuencias para el comportamiento de la hija, pero sólo después de dar los pasos previos para no generar una reacción negativa. Determinar sobre qué se tiene realmente control es clave. Por ejemplo, meter las cosas que deja tiradas en una caja frente a su puerta sin críticas ni explicaciones. O si hace una petición, evaluar internamente cómo ha sido su comportamiento ese día y acceder sólo si ha sido positivo, negándose calmadamente si no lo ha sido. Dejar de dar consejos no solicitados y en su lugar escucharla y ayudarla a reflexionar preguntándole qué piensa ella.

Estos cambios pueden incentivar una mejora en la hija al aumentar su autoestima con interacciones más positivas y al hacer que las consecuencias de su conducta le afecten más a ella que a su madre. Si su comportamiento empeora en lugar de mejorar, puede ser necesario considerar opciones más firmes, pero idealmente estos pasos pueden conducir a una convivencia más armoniosa reconociendo los desafíos de la situación.

Caso 35 - El control pasivo como forma de agresión pasiva

Una madre tiene una hija de 20 años que describe como una joven increíble que va a la universidad, trabaja y hace misiones dos veces al año en países del tercer mundo. La madre le paga la universidad, la vivienda, el coche y el seguro, mientras que el trabajo de la hija le permite comprar comida, combustible y tener dinero para gastos. En general, tienen una buena relación, pero la madre siente que está decayendo. Cuando discute con su hija, trata de ser optimista pero siempre se siente como si caminara sobre cáscaras de huevo. En una ocasión, mientras hablaban por teléfono, la hija le gritó una palabrota en medio de la conversación. Sabiendo que a su madre no le gustan las palabrotas, esta le respondió que quizá debería llamarla más tarde. La hija se quejó y se mostró muy insensible con ella. La madre ya no dice nada sobre su comportamiento y cuando ha intentado responder con algo parecido a "Puede que sí, pero no me gusta que me trates así", la respuesta normal de la hija es que está siendo demasiado sensible. La madre ha empezado a crear una distancia entre ellas, pero también quiere seguir proporcionándole amor y apoyo.

Ante este escenario tan común, surgen un par de reacciones que parecen estar interrelacionadas. La primera es que esta madre puede estar dando consejos sutiles cuando no se desean, por lo que su comportamiento podría ser un control pasivo involuntario. Esta interpretación se basa en lo que se ha observado habitualmente en consulta. La segunda reacción es que esto es parte de navegar la etapa de separación-individuación del desarrollo, cuyo resultado exitoso marca la pauta para la futura relación madre-hija.

El proceso normal de desarrollo que tiene lugar al final de la adolescencia y al principio de la edad adulta es el desarrollo de la identidad. Muchos padres interfieren en este proceso porque sienten que su relación está decayendo, como describe esta madre. Sin embargo, no necesariamente es así, ya que ella misma califica a su hija como increíble y afirma que tienen una buena relación. Especialmente en el caso de los padres que tienen una buena relación con sus hijos adolescentes, es común que se sorprendan por los cambios en la relación y tiendan a interferir en este proceso de forma sutil porque lo ven como algo malo, cuando en realidad deben aceptarlo como algo necesario para un desarrollo adecuado.

La separación-individuación y el desarrollo de la identidad es el proceso de identificarse a uno mismo como una entidad separada de los padres. Implica tomar las propias decisiones, disfrutar de los éxitos y asumir los fracasos. Aunque puede sonar muy bien, el proceso puede ser difícil, ya que conlleva cuestionar y rechazar valores y creencias que nos han enseñado para sustituirlos por otros elegidos. Algunos de ellos pueden ser similares o iguales a los valores de los padres y otros no.

Durante este proceso, la labor de los padres es reconocer que su tarea de criar a su hijo ha terminado y que ha llegado el momento de establecer una nueva relación adulta con él. Este es un momento de cambio que puede ser bastante difícil, especialmente cuando el progenitor espera que la relación siga siendo la misma o que se produzca una transición suave. Muchos padres sienten que la relación se está deteriorando cuando, en realidad, se está transformando. Crear distancia durante este proceso es normal y a menudo necesario, ya que demasiada cercanía puede interferir en el desarrollo de la identidad.

Para ayudar en esta transformación, conviene examinar algunos aspectos como la preocupación, la crítica sutil y el centrarse en uno mismo. La madre está preocupada por su relación y por no participar tanto en la vida de su hija, pero es el momento de aprender a dejar de preocuparse y centrarse en confiar en que ha enseñado bien a su hija. También es importante dejar de dar consejos no solicitados, ya que una relación adulta con un hijo significa estar ahí cuando lo desea, pero no implicarse demasiado en caso contrario. Por último, si la hija reacciona con ira, lo más probable es que la madre esté centrada en ella, por lo que es hora de que empiece a centrarse en sí misma para evitar que la hija sienta que su vida está siendo diseccionada.

Caso 36 - Ponerse en medio de una agresión pasiva

Este caso trata sobre una situación conflictiva entre una mujer, su hermano y la esposa de este. La cuñada hizo un comentario a la mujer del hermano diciéndole que debería ser más receptiva a sus sueños después de haber trabajado duro toda su vida y dado que el dinero no era un problema. La esposa respondió diciéndole al marido que su hermana le decía a todo el mundo que era controladora y que la odiaba. También le dijo que su hermana se aseguraba de que él no estuviera cerca cuando se desahogaba con insultos hirientes e inespecíficos. El hermano creyó todas las mentiras que le contaron y bloqueó a su hermana de su vida.

La hermana realmente quería a su hermano e intentaba ayudarle con sus sueños. Deseaba resolver el asunto con su hermano y su mujer juntos, pero no sabía cómo hacerlo con la esposa pasivo-agresiva sin llamarla mentirosa. Esto ocurrió durante un periodo en el que la hermana había perdido un hijo y el hermano continuó llamándola mentirosa durante su depresión y bloqueando su contacto. La hermana estaba preocupada por llamar a la esposa pasivo-agresiva porque podía terminar la relación para siempre. Estaba muy dolida y necesitaba ayuda para desenmascarar las mentiras de la esposa sin arruinar totalmente la relación o incluso sin saber si merecía la pena salvarla.

Este escenario parece tratarse de dos mujeres pasivo-agresivas que han puesto al hermano/marido en medio de una disputa. La hermana primero usó un "debería" con la esposa y luego respondió con inocencia cuando esta se enfadó. Además, quería "llamar la atención a la esposa pasivo-agresiva" y "exponer las mentiras pasivo-agresivas". Este es un deseo pasivo-agresivo, no un deseo genuino de salvar la relación. En otras palabras, ella quería reivindicar su comportamiento y hacer que la cuñada fuera una mentirosa. Hay que recordar que la raíz del comportamiento pasivo-agresivo es la ira que se expresa de forma pasiva. Si la hermana abordara esta situación con el deseo de exponer las mentiras de la esposa al tiempo que indica que quiere "resolver el asunto", estaría disfrazando su ira como un intento de resolver el problema y es probable que proclamara su inocencia cuando el intento implosionara.

Ciertamente, el hermano y su esposa también estaban incurriendo en un comportamiento pasivo-agresivo: retraimiento y puñaladas por la espalda. Sin embargo, no estaban preguntando cómo resolver la situación, por lo que su comportamiento no podía tratarse en este caso. Pero por el bien de la hermana, se podría ver su comportamiento dándoles el beneficio de la duda y asumiendo que también estaban teniendo un comportamiento pasivo-agresivo no intencional porque no tenían las habilidades para saber cómo responder de una mejor manera. Por ejemplo, la mujer estaba enfadada con la hermana, pero en lugar de expresar su enfado directamente, se quejaba a su marido y esperaba que él lo resolviera. El marido se sentía puesto en medio de la situación y sólo quería salirse, así que se retiró de la relación con su hermana.

Por lo tanto, si la hermana realmente quería salvar esta relación, tenía que aceptar las limitaciones de ellos y las suyas propias y reconocer que todos tenían pocas habilidades para resolver conflictos, pero que no estaban intentando hacerse daño maliciosamente. Si sentía empatía por ellos y por sí misma, podría abordar la situación de otra manera: disculpándose. Simple y llanamente. No culparles ni centrarse en el comportamiento de la esposa o del hermano. Reconocer que el "debería" inicial era culpar y controlar de forma pasivo-agresiva y luego disculparse por ello: "Me doy cuenta de que me equivoqué al intentar deciros cómo vivir vuestras vidas. Realmente quiero que volvamos a estar unidos. Por favor, perdonadme". Y punto.

Epílogo

A lo largo de este libro, hemos explorado los entresijos del comportamiento pasivo-agresivo, desde sus manifestaciones sutiles hasta sus consecuencias más profundas. Hemos desmitificado las motivaciones detrás de este patrón de comunicación y hemos proporcionado estrategias concretas para navegar las complejas aguas de las interacciones pasivo-agresivas.

Uno de los hilos conductores más importantes que surge de nuestra exploración es la idea de que la pasivo-agresividad, en su esencia, es un mecanismo de defensa. Ya sea que se enraíce en el miedo al conflicto, en un sentido de impotencia o en una necesidad de control, el comportamiento pasivo-agresivo sirve como una forma de expresar la ira o la insatisfacción sin asumir la responsabilidad de esos sentimientos. Es una manera de decir "No estoy bien" sin realmente decir "No estoy bien".

Pero como hemos visto, esta forma de comunicación es en última instancia contraproducente. En lugar de resolver problemas, los perpetúa. En lugar de fomentar la comprensión, siembra confusión y resentimiento. Y en lugar de fortalecer las relaciones, las erosiona lentamente, carcomiendo la confianza y la buena voluntad.

Es por eso que aprender a reconocer y responder al comportamiento pasivo-agresivo es tan crucial. Cuando podemos identificar las señales - el sarcasmo sutil, la culpa velada, el cumplimiento reticente - podemos comenzar a desactivar su poder. Podemos negarnos a ser arrastrados a la dinámica de escalada del conflicto y podemos comenzar a modelar una comunicación más directa y honesta.

Pero quizás la lección más profunda es que este proceso comienza con nosotros mismos. He sido insistente al repetir esa máxima estoica de "No podemos controlar el comportamiento de los demás, pero podemos controlar el nuestro". Al examinar nuestras propias tendencias pasivo-agresivas y trabajar para comunicar nuestras necesidades y sentimientos de manera más auténtica, empezamos a romper el ciclo. Comenzamos a crear un nuevo patrón, uno basado en el respeto mutuo, la responsabilidad emocional y la conexión genuina.

Esto no significa que el proceso sea fácil. Cambiar patrones de toda la vida de interacción puede ser un trabajo desalentador, y habrá inevitablemente tropiezos en el camino. Puede haber momentos en los que caemos en viejos hábitos, o en los que la frustración de lidiar con el comportamiento pasivo-agresivo de otra persona nos abrume. Pero con práctica, paciencia y compasión - para nosotros mismos y para los demás - podemos aprender a navegar estos desafíos con gracia.

Una de las claves para este proceso es el establecimiento de límites saludables. Cuando nos encontramos atrapados en una dinámica pasivo-agresiva, puede ser tentador tratar de acomodarse o apaciguar a la otra persona en un esfuerzo por evitar el conflicto. Pero como hemos visto, este enfoque rara vez funciona a largo plazo. En cambio, necesitamos aprender a establecer límites claros y consistentes, a comunicar nuestras expectativas de manera directa y a mantenernos firmes incluso en la cara de la resistencia o las represalias.

Al mismo tiempo, es importante recordar que establecer límites no se trata de controlar a la otra persona o de forzar un cambio en su comportamiento. Se trata de tomar el control de nuestra propia respuesta, de decidir qué estamos y no estamos dispuestos a tolerar, y de comunicar esas decisiones de manera clara y respetuosa. Es una forma de autocuidado, de asegurarnos de que nuestras propias necesidades y bienestar emocional sean atendidos.

Otra clave para navegar la pasivo-agresividad es practicar la empatía - tanto para la otra persona como para nosotros mismos. Cuando nos enfrentamos a un comportamiento pasivo-agresivo, es fácil sentir ira, frustración o incluso desprecio hacia la otra persona. Pero si podemos dar un paso atrás y considerar las inseguridades, miedos o heridas pasadas que pueden estar impulsando ese comportamiento, podemos comenzar a responder con más compasión y comprensión.

Esto no significa excusar o tolerar el comportamiento hiriente, sino más bien verlo en contexto. Significa reconocer que el comportamiento pasivo-agresivo a menudo surge del dolor, y que responder con más dolor rara vez conduce a una resolución. En cambio, al abordar la situación con empatía y una voluntad de comprender, podemos abrir la puerta al diálogo genuino y al cambio positivo.

De igual manera, practicar la autocompasión es esencial en este proceso. Lidiar con el comportamiento pasivo-agresivo puede ser agotador emocional, y es fácil caer en patrones de autocrítica o autoculpa cuando nuestros esfuerzos por manejar la situación no salen como esperábamos. Pero al tratarnos con amabilidad y comprensión, al reconocer que todos luchamos y cometemos errores, podemos construir la resiliencia emocional necesaria para seguir adelante.

El viaje para entender y abordar el comportamiento pasivo-agresivo es un viaje de crecimiento personal y autorreflexión. Es una oportunidad para examinar nuestras propias formas de comunicación, para enfrentar nuestros miedos e inseguridades, y para desarrollar una mayor sensación de autenticidad y conexión en nuestras relaciones. No es un camino fácil, pero es uno que vale la pena recorrer.

Santiago Rivas

FIN

Sobre El Autor

Santiago Rivas es un psicólogo clínico español con más de 20 años de experiencia en el campo de la salud mental. Nació en Madrid en 1965 y desde temprana edad mostró un profundo interés por la psicología y el comportamiento humano.

Rivas obtuvo su licenciatura en Psicología por la Universidad Complutense de Madrid, donde se graduó con honores. Posteriormente, realizó un máster en Psicología Clínica en la misma institución, especializándose en terapia cognitivo-conductual. Su pasión por el aprendizaje y su dedicación a ayudar a otros lo llevaron a continuar su formación en Estados Unidos, donde obtuvo un doctorado en Psicología Clínica por la Universidad de California, Los Ángeles (UCLA).

Tras completar su educación, el Dr. Rivas regresó a España y estableció su propia práctica clínica en Madrid. Su enfoque terapéutico integrador, que combina elementos de la terapia cognitivo-conductual, la terapia centrada en soluciones y mindfulness, ha ayudado a incontables pacientes a superar una amplia gama de desafíos psicológicos, desde trastornos de ansiedad y depresión hasta problemas de relación y comunicación.

A lo largo de su carrera, el Dr. Rivas ha desarrollado un interés particular en la dinámica de las relaciones interpersonales y cómo los patrones de comunicación, como el comportamiento pasivo-agresivo, pueden afectar el bienestar emocional. Este interés lo ha llevado a realizar extensas investigaciones y a escribir varios artículos en publicaciones académicas de renombre.

Además de su trabajo clínico y sus contribuciones académicas, el Dr. Rivas es un solicitado orador y ha impartido conferencias y talleres en toda España y en el extranjero. Es miembro de la Colegio Oficial de Psicólogos de Madrid y de la Asociación Europea de Terapia Cognitivo-Conductual.

El Dr. Santiago Rivas sigue dedicado a ayudar a las personas a navegar los complejos desafíos de las relaciones humanas y a promover la salud mental y el bienestar emocional a través de su trabajo clínico, sus escritos y sus presentaciones.

Made in United States
Orlando, FL
23 December 2024

56137865R00104